追赶你老去的速度

——写给亲人

［德］荷尔德林　著

王佐良　译

辽宁人民出版社

图书在版编目（CIP）数据

追赶你老去的速度：写给亲人 /（德）荷尔德林著；王佐良译 . —沈阳：辽宁人民出版社，2022.3
（荷尔德林书信精选）
ISBN 978-7-205-10415-3

Ⅰ . ①追… Ⅱ . ①荷… ②王… Ⅲ . ①荷尔德林（Hoelderlin, Friderich 1770—1843）—书信集 Ⅳ . ① K835.165.6

中国版本图书馆 CIP 数据核字（2022）第 024865 号

出版发行：辽宁人民出版社
地址：沈阳市和平区十一纬路 25 号　邮编：110003
电话：024-23284321（邮　购）　024-23284324（发行部）
传真：024-23284191（发行部）　024-23284304（办公室）
http://www.lnpph.com.cn
印　　刷：辽宁新华印务有限公司
幅面尺寸：145mm × 210mm
印　　张：10.75
字　　数：340 千字
出版时间：2022 年 3 月第 1 版
印刷时间：2022 年 3 月第 1 次印刷
责任编辑：刘国阳
装帧设计：留白文化
责任校对：吴艳杰
书　　号：ISBN 978-7-205-10415-3
定　　价：48.00元

目 录

荷尔德林像

我愿意邀请您来过圣诞节

致母亲 （邓肯道尔夫，1785年圣诞节前）

最亲爱的妈妈：

因为我这封信比以往的更加没有头绪，您必定以为，我的头脑也被圣诞节的杂事儿塞满了，就像您的一样——不过我的与您的稍微有点不同：没有今天的轻松，没有我在约翰尼斯节的晚课时做演讲的计划，还有我在课余自学时间里要写、必须写的成百上千首诗的草稿，还有一大包信件（其中一些还是拉丁文的），不论它们跟新年关系大不大，都是我必须写的，例如给E.赫尔菲先生、克莱姆先生、比尔芬格尔先生，寄往阿尔托纳的，诸如此类的信，以及您的信，跟平时一样。

关于圣诞节的来访，我还是愿意邀请您到这儿来，因为就像我说过的，在约翰尼斯节要做成这件事可不容易。海因莉克和卡尔[1]又该兴高采烈了；可是，如实地说，我对此真的是一半加一半的恐惧，我应该拿什么来送给他们。我把这事儿托付给您，亲爱的妈妈，既然我们没几个应该和老人待在一起，您就从我的信里抽出一段，把它以我的名义送给他们。请您转告我致外祖母夫人

1. 海因莉克（Heinrike Hölderlin），荷尔德林的妹妹；卡尔（Karl Gok）荷尔德林同母异父的弟弟。荷尔德林的母亲在丈夫去世后，改嫁纽尔廷根的葡萄酒商人高克（Gok）。

的敬意，我也要给她做一件圣诞礼物——我还要以真正的圣诞快乐致谢上帝，他在即将过去的一年里让您和我再次如此健康。要是我忽略课余时间的自学，那我倒是挺棒的。现在对我和对您都还不晚，可是我实在不知道怎么再写得更多了。

我最亲爱的妈妈的

最顺从的儿子

荷尔德林

这里我寄点东西来，作为圣诞节忙碌的消遣：如果您自己不愿意阅读，那么您至少要给外祖母夫人朗读一下，您会非常高兴这样做。不过，您要尽快寄回。其他的部分随后寄来。我还要请您把酒瓶子寄回来，它们是借的。内林根的哈尔普莱希特先生昨天来我这儿，向我要《大英博物馆》杂志的第四部分。

我重新有了发卷

致母亲 （毛尔布隆，1787 年 4 月下半月）

最亲爱的妈妈：

您现在可以确定地相信我——除非在一种完全特殊的情况下，我的幸福已经明显得到改善——我再也不会想到脱离自己的实际情况——现在我明白了！人可以像一个乡村牧师那样对世界有用，如果那样，人可以更快乐一些，知道的不是这些吗？也许是。

最近这里升起了一个气球，提芬巴赫的教授先生[1]也来过——和他一起的还有一个卡莫勒尔家族的，他其实是学习法律的——他直接从泡朋威勒来，向我致以一千次的祝福，这个好人还真诚地期望能再次见到我。现在我得去他那里，只要我想，就是理应之事。提芬巴赫的教授先生对我也特别友好，可他至今还不知道，上一学年的学生每周都去他那里，却未跟院长[2]先生说过一句话。我把我的演讲搁下了——我想把讲稿寄给他，发现他真的没时间。我的发型正在最好的状态。我现在重新有了发卷。为什么

1. 提芬巴赫的教授（Pf. von Tiefenbach），威·弗·摩泽尔（W. F. Moser，1752—1801），在提芬巴赫任神父。

2. 院长（Prälat）， 约·克·韦因兰特（J. C. Weinland，1729—1788），毛尔布隆修道院院长。

呢？它们太可爱了！

因为我仍然谁也没恋上。给亲爱的卡尔一千个吻！什么让他跟他亲爱的妈妈在一起这么孤单？您一切安好——我很匆忙，您看得出。

您的

最听话的儿子

荷尔德林

渴望喝一口咖啡

致母亲　　　　　　　　　　　　　　（毛尔布隆，1787 年 5 月或 6 月）

最亲爱的妈妈：

我又有一大堆事情结结实实地堵在嗓子眼，这一大堆事情把我的脑力牢牢地占据着——我也只有这样才有机会承认，比尔芬格尔的咖啡和我的糖已经耗尽，我这段时间有时候在早餐后，因为早起床，继续地高强度用脑，我强迫自己肚子空得发慌时，才去喝那种您在饿极了的时候也不愿意喝的汤——因为我太疼了，我气得差一点把汤匙砸到墙上。对于弗里茨[1]，最好最好的工作就是您给他寄一点咖啡。

您可能会笑话我恳求的文字，但那仅仅是，您能对我们的修道院十字架有一个小小的概念。那可是对营养的体面的烦恼，如果人这么渴望喝一口咖啡，或者仅仅是对一口好汤的饥渴，却什么也——什么也得不到。我的情况还好，可是您本来应当看看别的人，他们从冬天起到现在还没把几个小包裹改正一下，现在口袋里连半个赫勒[2]也没有了——好笑的是，如果人们闷闷不乐地不上床睡觉，半夜里从寝室里起来并且高唱——

1. 弗里茨（Fritz），荷尔德林本人。
2. 赫勒（Heller），德国南部、奥地利等国旧时的一种银币或铜币。

起来，起来，兄弟们坚强勇敢
债主登门啦
利息每日一算
我们既无休息也无安宁
为此向非洲进发——（那是好望角）[1]

几乎一整夜都是这样，到最后大家各自大笑，然后上床。这种悲伤的寻开心是自由的。

值得说说的是院长先生，这个如此自负的韦因兰特，他有那种不可思议的奇特情绪，他刚刚如此这般把教授、学生和教辅当面数落一顿，一会儿教授和学生，学生和教辅就聚在一起大叫起来。这世界的事情就是这样！谢天谢地我有自知之明，不断更好地进入世界！我可以用一切向您保证，亲爱的妈妈，虽然我是最最不满足的，但现在我再也不是不知足的人！我已给亲爱的莉克[2]写信，安慰她！

我必须对您说，我因为您的信哭过——因为害怕，我在晨祷和晚祷时几乎说不出话来！我从来不敢对她有这么深的爱！但肯定的是，这是个高贵的、美丽的少女，这个莉克！为她的眼泪，上帝会给予她千倍的祝福。您应该为这样一个女儿骄傲！

您的

最顺从的儿子

荷尔德林

1. 改编自舒巴特的讽刺滑稽作品，原文第一节为：“起来，起来，兄弟们，勇敢坚强！ / 告别之日来到，/ 它沉重地压迫在心上！ / 我们要越过大地海洋 / 去往炎热的非洲。”
2. 莉克，荷尔德林的妹妹海因莉克。

我用一颗温暖的、兄长的心向你们祝愿

致妹妹弟弟　　　　　　　　　　　　（毛尔布隆，1787年12月末）

最亲爱的妹妹弟弟：

你们可能已经给你们亲爱的外祖母和妈妈很多很多美好的祝愿——很多祝愿出自感激的心灵，为她们在过去的一年给予你们的那么多温柔的操劳和关爱——真的，亲爱的妹妹弟弟，因为你们也想到了我，也对我表达了一些祝愿，因为我知道，你们也向我证明了，你们爱我，最近你们给予了我这么多。现在我也用一颗温暖的、兄长的心向你们祝愿——对伟大的上帝顺从和爱——对你们亲爱的外祖母和母亲顺从和爱，在一切方面都勤奋，并且，如果允许我请求——那我也把爱给予你们，就像你们总是爱他那样，他爱着你们并将永远爱着你们。亲爱的海因莉克，卡尔——如果我此刻与你们在一起，能够亲吻你们——愿你们永远平静安宁，这样共同幸福满足！如此想念你们的——

你们的

爱你们的亲爱的兄长

荷尔德林

妈妈，您的提议让我惊奇您的智慧

致母亲　　（毛尔布隆，1788 年 2 月 11 日前）

最亲爱的妈妈：

再一次请求！您应该知道，再过几天就是我们的公爵的生日，在这里将十分隆重地庆祝。院长和先生们和女士们，以及侍女和大学生还有文书，整个下午都在依次演奏音乐，或演讲和朗诵诗歌，到了晚上他们还布置了彩灯。现在除了我们，所有的人都在忙着食品和饮料——所以我们就坐在一起，比尔芬格尔和艾福伦，还有赫斯勒、迈克林和我——我是否应当请求几杯葡萄酒，亲爱的妈妈。为此寄送，我致以最顺从的感谢。您的提议让我真正惊奇您的聪慧——假如我也到六十岁，我不会这样聪明。为亲爱的莉克的信，向她致以一千遍的感谢。这次我有太多的事情要忙碌，没有一瞬间的时间写得更多了。

您的

荷尔德林

下一次您将会收到足够详细的。

我荣幸地在我们的小节日里作为诗人出场

致母亲　　（毛尔布隆，1788 年 2 月 17 或 18 日）

最亲爱的妈妈：

请原谅我在最近的邮政日未给您写信。您完全可能由此认为，在举行公爵生日庆祝的那一天，我过去一直是写信的。我荣幸地在我们的小节日里作为诗人出场。

如果这一次我给您邮寄一点什么东西，可能会比我的诗更让您高兴，这样我就等到下个邮政日再给您吧。您最近这样温柔地关心我的健康。我可以向您保证，我整个冬天完全没有小血管的疼痛。但是您还是因为葡萄酒的原因仍然给予温和的、母亲的关怀——在您没有考虑到我的自爱的情况下，我将要向您出示一个显而易见的证明，您没有必要对此有诸如此类的担忧。那封信是维勒纳上游的豪森的罗塔克神父先生给您的，但是我要给您讲讲整个这件事。罗塔克很穷。这里的一些女子知道这个情况，想要不为人知地悄悄给他帮助，就委托了我。这高贵的举动感动了我。我难为情地提议，也做同样的事情。可是我的钱包那时拒绝给予我快乐。但是——我想，如果我让他脱离不体面的社会，如果我在工作中帮助他，尽可能地对他进行科学教育（因为教育无论如何可能是我的主要职业本分）——亲爱的上帝对此可能不太高兴，但是我想，那也比用钱和衣物帮助他要强——其余的您会在那封信里看到。但是我必须补充一下，罗塔克那时候在一个最糟糕的社团里，院长把这一切写信告诉他的父亲，他对他的父亲用一颗后悔的心对他进行恐吓的告诫完全知晓，因此用的词语也是完全不同的，这一切都得感谢我。但是这一切迄今无人知道，亲爱的妈妈！人们可能会笑话我——说我为了满足自己的自爱滥用了责任——对您我不会这样写，因为您是一个多么温柔的操心的妈妈！

对亲爱的善良的卡尔，我应当为他的邮寄感谢他一千次。——我要给他和亲爱的海因莉克写信，如果我还没有半打的信要回复的话。当这封信到达的时候，亚麻围巾您可能已经寄出了。我必须抓紧时间。

您的

最顺从的儿子

荷尔德林

一位好朋友请求我，从沃豪普特订购一支黄杨木制、有角作装饰的笛子——您能不能如此善意地操心一下这件事。您写信给我，我们是否去低地做一次旅行——要是什么结果也没有，反正我已经把一切都订好了——我会和伦茨，比尔芬格尔，以及西梅尔一起乘车去往下波伊欣根——但如此，我只能再一次说，不！

我很快就要在全家人的怀抱里了

致母亲　　（毛尔布隆，1788 年 3 月 11 日）

最亲爱的妈妈：

那我们就有八天相聚在一起，可能是在纽尔廷根，或是在低地。我知道不做什么预定。我相信，我们将要有一次旅行，在旅行时，我们也将过一次复活节。我无论如何要装备起来。如果您让我说或写，那您就留在纽尔廷根，我乘车从下波伊欣根一直到波伊欣根，而您想对我而来，但是您要到低地，这样我星期二在复活节日之后到奥克森的施威伯廷根等候您。我将自由地根据服装的情况装备这次旅行，例如我没带靴子。我们肯定会遇到雪，但是乐观地说不会那么糟。

我很高兴很快就要在全家人的怀抱里了。对所有的人一千次祝福。

您的

最顺从的儿子

荷尔德林

旅行笔记

致母亲　　　　　　　　　　　　　　　　（毛尔布隆，1788 年 6 月）

最亲爱的妈妈：

这儿是我的旅行日记的一部分。您必须以耐心来阅读，因为我常常是在上床前的半睡中写的。我仍然满足地想着这五天短暂的但是广阔的旅行。我从曼海姆出发一直到了法兰肯塔尔——就像您最近听说的那样。那么，最亲爱的妈妈，一千次地感谢您让我得到满足。我向您保证，把一切都写得清清楚楚。下面就是：

在布鲁赫萨尔的餐费……………………………………………… 43cr

莱茵河摆渡费……………………………………………………… 8cr

去莱茵豪森的餐费………………………………………………… 7cr.

再次摆渡莱茵河…………………………………………………… 24cr.

在曼海姆的戏剧…………………………………………………… 48cr.

支付曼海姆的假发商……………………………………………… 24cr.

在法兰肯塔尔我的餐费…………………………………………… 1f 58cr.

在施佩耶尔的饮料费……………………………………………… 36cr.

支付施佩耶尔的假发商…………………………………………… 24cr.

从施佩耶尔返回我租了一匹马…………………………………… 1f 30cr.

在布鲁赫萨尔，马夫的餐费……………………… 15cr

为那匹马的返程………………………………… 2f

小的支出………………………………………… 1f.

合计 10f[1] 17cr.

您将会看见，布鲁姆支付了旅行的大部分酒菜钱，我为此度过了很棒的旅行，不过我只能口头说说。请您告诉亲爱的卡尔，在以后的信里会有很多关于大船的事情，有风帆的，还有桅杆。他应该高兴得不得了。您想想，亲爱的妈妈，在我旅行之前，我总是不太高兴，晚上睡觉前总要吃药——可是我旅行之后，每个人见了我都说我这么健康。我还有很多要做，我结束这封信，因确信我是——

您的

最顺从的儿子

荷尔德林

6月2日星期一，我出发了。那是一个美丽的、充满生机的早晨。我的心在所有的期待中，在我将要有的所见和所闻中，变得开阔。我从来也没有这样快乐，当我出发半小时后，策马下山，

1. f，弗洛林（Florin），cr，克洛泽（Kreuzer），都是当时德国南部和奥地利等地的货币。

克尼特林根就在下面，普法尔茨极乐的大地向远方伸展。我一路兴高采烈，走过了布莱特海姆、狄德尔斯海姆、巩特尔斯海姆、海德尔斯海姆，这时候我到了布鲁赫萨尔。我心里有个想法，这就返回去，于是我在客栈里等待表兄弟布鲁姆。我等到一点钟，布鲁姆没来，又等到两点，三点，还是没来！这会儿我火冒三丈。我一点点也不喜欢待在布鲁赫萨尔，身处呆笨的神父，死板的住处。我的马只租到这一天，去往施佩耶尔的路很长，时间却很短，我又不认路。该怎么办呢？

我打发那个跟着我、目的是把马领回去的人回家，自己跳上马背，向着施佩耶尔飞驰！

从布鲁赫萨尔出发，尽管没有了公路，但有一条宽阔结实的沙路。道路两旁，大多是茂密、令人毛骨悚然的森林，我只能看到离开我的道路三步远的地方。太茂密了，我在符腾堡从未见过这样的森林，连阳光都透不过。最后，我终于又一次来到宽广的地方，此后我经过了弗尔斯特、汉布吕肯和维森塔尔。一片一望无际的大平原展现在我眼前。在我的右边是海德堡，往左是法国的边界山脉。我久久地沉默着。一个如此辽阔的大平原的崭新的、出乎预料的景观让我激动。这个大平原是如此充满福运。田野上，果实已经半黄，草原上还未收割的草低垂着，这么高，这么茂盛，然后是广阔的、美丽的湛蓝的天空笼罩着我，我欣喜若狂，我可能与我的坐骑还在那里站立着，而已经近在眼前的国王的夏宫却未落入我的眼帘。

我仍然想要在大平原上驰骋，因为它也正在我前进的旅途上，从这里出发我本来会路过鲁斯海姆，可是人们指点我往左去往奥贝豪森，因为它就在前方不远。对夏宫我没有什么可说的，因为它坐落在森林中，一个小教堂，还有很多建筑围绕着它，再往外却没有什么风景，没有花园，没有霍亨海姆的野性，或者别的我曾经期待的东西。在奥贝豪森之前我首先想到的是施佩耶尔的大教堂，尽管我过了布鲁赫萨尔以后就能看见它，平原这样辽阔，大教堂如此高耸入云。我相信，我现在只有不足一刻钟了，我高兴的是可以在施佩耶尔用晚餐了，我感觉自己现在精力充沛。从奥贝豪森我向莱茵豪森进发。在这里我必须渡过莱茵河，但是必须长久地等待，等待船夫从对岸过来，而摆渡通常需要半小时。可是我可不愿意那样等，时间对我来说并不充裕。

人们可以想象一下，一条河有内卡河最宽的地方的三倍那么宽，这条河从上游一路向下，两岸都被森林遮盖，如果眺望它顺流而下时间过久，人就会头晕。这种景象我永远不会忘记，它让我激动得无以复加。最终船夫从对岸过来了。人们乘船过河，渡船这么大，两辆马车与马匹，还有乘客，空间绰绰有余。经过半小时的航行，我抵达了施佩耶尔的岸上。我询问过路的人，布鲁姆夫人大概住在哪里。有一个认识她的人指点我玛耶尔[1]神父先生的屋子。白昼将尽，我的小马驹还得从它僵硬的腿上聚集剩余的力量，我想，我和它现在要是能很快用上晚餐，并且好好享受夜晚的安静。如此，我正在施佩耶尔的门边。在那些巷子里永无尽头地骑行是多么无聊，直到我终于找到了玛耶尔神父先生的屋子。

莉克和布鲁姆、布鲁姆夫人以及他们的女儿乐疯了，玛耶尔

1. 玛耶尔神父（J. F. L. Majer，1742—1817），荷尔德林的姨夫，后在罗西高任神父。

神父夫妇以不同寻常的礼貌接待我。这一天真值得！

6月3日

布鲁姆和莉克在我今天到达之前就已经定下了去海德堡的旅行。经过商量，我和他们同乘，我把我的马交由布鲁姆的车夫驾驭，他本来要再回马克格罗宁根的，那样布鲁姆他们可以多待一段时间。这样我不得不再次早晨四点从费德恩出发，五点的时候幸运地在单轴马车里四肢疲惫地坐着。我们再次渡过莱茵河，几个小时以后，我们来到了闻名遐迩的施韦青根的普法尔茨选帝侯的乐园。

这儿描述是很少的。想要获得对它的概念，必须亲眼所见。这宏大的场景，无以复加的艺术之美，精心挑选的油画，建筑，音乐喷泉，等等等等。但有一个我必须说说。这里坐落着一个土耳其的清真寺（寺院），在众多的美景中，人们看过它，也许就忘了，可是我却觉得它最好。在我看来，总的来说，霍恩海姆宫和孤独宫[1]不相上下。从施韦青根到海德堡，我们有三个小时沿笔直的公路疾驰，路两边是古老的、橡树一样的桑树。大约在中午我们抵达海德堡。这座城市对我来说实在太棒了。它如此美丽，非人们所能想象。在城市的两边和背后，森林茂密的山峰突起，山峰上是古老的、令人敬畏的宫殿。我也登上山峰，去朝觐著名的海德堡之桶[2]，它是这么多小酒馆的象征，这么多饮酒歌的唱词。它

1. 霍恩海姆宫（Hohenheim），为弗兰切斯卡（Franziska）侯爵夫人建造的宫殿。孤独宫（Solitude），坐落在斯图加特附近的一座山上，四周是宽广的荒原，此宫后来被用作监狱。
2. 海德堡之桶（Heidelberger Faß），海德堡一个巨大的木质葡萄酒桶，横卧在山上，已成游览景点。

真的是非常大的，在它上面人们可以无拘无束地旋舞。上面有很多栏杆，攀登上去没有危险。可是我能确定，从那个高度坠落，比从我的修道院窗子坠落，我会受不了。那座新桥也是令人惊奇的。下午我们向曼海姆进发。在内卡河边我们有漂亮的道路。我们一下车就径直去看戏剧。人们想不到会有比曼海姆剧院更漂亮，更雅致，更完美的。看完戏剧我还看到了军械库，里面的炮弹像石碓一样，我还在里面第一次见到了大炮、炸弹、手榴弹，等等等等。然后是耶稣会堂，那是我在旅途中所见最壮丽的建筑。这座城市几乎有斯图加特两倍那么大。诸侯的王宫可以从大多数的巷子里看到。巷子都是笔直的，一切都平整坦荡。建筑物每每都构成四边形。商店如此巨大，围着它转一圈耗费了我差不多半刻钟。晚餐时我来到一位斯第隆伯爵身边坐下。他是布鲁赫萨尔的主教的一个兄弟。我在这个人旁边仅有一个小时，但我至死都将尊敬他。他是一位将军，为他的主人——法国国王的服务中，他变老了。他跟我交谈，如同跟他的兄弟，他对我讲他的战役，他经历的危险，他的胜利，他的失败——我很快就忘记了，这个人是斯第隆伯爵，而我是学生荷尔德林，我对他喜欢得五体投地，这位老人让我对他有这么多的爱。他是我在旅行中所认识的人中间最让我敬重的。

6月4日

续篇随后。

我在曼海姆待到上午十点，其间我去拜访了枢密顾问狄勒尼乌斯，他是我的麦克林的一位舅舅，享受了非常礼貌的接待；我还非常匆忙地穿越了最雅致的街巷，看见了宫廷和城堡，我发现到处宫殿林立，让我充满了惊奇。在此期间，我的旅伴已经做好了出发的准备，我跳上轻便马车，恋恋不舍地与一个地方告别，我在这里有这么有价值的见闻，本来我还可以获得更多新的概念。我们必须通过五座桥才能上大道；那座跨过莱茵河的桥非常非常地长，并且有一座还是舟桥。这些船都用锚固定，一个挨一个排列，桥就架在上面。如果船来了，人们就用机器把船分开，靠在不同的地方。但是，选帝侯的船队就在岸边停靠，我的目光大多数时候被它们吸引。从水面起到甲板（地面未计算在内），它大约有一层楼那样高，但它的长度肯定有24英尺，桅杆像一个巨大的楼层矗立在甲板上，一大堆缆索从上面悬挂下来，用这些缆索，人们把桅杆竖起，转向，放下，把帆布升起，展开。在最前头有一个房间，有绿色的百叶窗，整条船饰以黄色和红色的条纹。那里共有两条船，大致完全一样，只是侯爵夫人的比特奥多尔（选帝侯）的要小一点点。

我们走过最漂亮的林荫大道去往奥克斯海姆，侯爵夫人的住处就在此地。我走进了那家客栈，伟大的席勒曾经在这里住了很长时间，直到他从斯图加特出逃。这个地方于我如此神圣，我竭力把眼泪阻止在眼眶里，它们是因为我对这位天才的伟大诗人的崇敬而涌入我的眼眶的。对侯爵夫人的夏宫我没有多少可以说的，我看除了房屋和花园，什么也没有，因为席勒一直盘旋在我的头脑里。到中午我们抵达法兰肯塔尔，用餐后我们先去凯格尔图书印刷公司，然后又去瓷器工厂，我在杂志上见到过这里非常漂亮的产品。从那里又去了丝绸工厂，我也特别喜欢这里，从那里去了运河，那是一个非常值得看的工程。我在这里不能详细描述，因为我对那里有一个十分阴暗的印象。

下午我们乘车返回施佩耶尔，这样，我在很短的时间里见识了普法尔茨大部分风光秀美的城市。明天我将在施佩耶尔游览。

6月5日星期四

我早晨先去了大教堂，它是我这次旅行中所见最让我惊奇的建筑，它是独一无二的，我十分仔细地用合适的眼光看它。如果人从它巨大、宏伟的正门进入，就会看到一个很长很长的空间，一直延伸到一个巨大的台阶，它非常非常地高，用很多壮观和简洁的圆柱与邻近的建筑分开。在台阶之上是一个巨大的、完全大理石的圣坛，它是如此之高，因此紧靠着它也建造了台阶。在圣坛上有五盏燃烧的灯放射金色的光芒。（那些灯盏像金字塔一样排列，最长的那一盏肯定有一码尺。）在圣坛的两边是教堂座席，在教堂座席旁边的两角又有两个圣坛，与第一个同样壮观。在唱诗班席位的后面，坐落着布鲁赫萨尔大主教的宝座，那是最华丽气派的，人们可以自己想象。在宝座的两侧是教堂主管们的座椅，全都是镀金的。这样人们可以概括一下这个恢弘无比的建筑的全貌，人们从踏进大门起，自己思考，宝座是多么居高临下，豪华的座席如何金光熠熠，大理石的圣坛与耀眼的灯光如何庄严肃穆，还有穹隆怎样高高地耸立——我在里面滞留了一个小时，我要是从现在起每天在这里待一个小时，也不会感到厌倦。

从那里出来我去了博思勒顾问那里，浏览了他的音乐书店。那也让我很喜欢，但我要去一个更加有意思的地方。整个上午我就这样紧张地在施佩耶尔周游。下午我就要去野外，让我的视野周围更加开阔。整个下午我就在施佩耶尔的范围内转悠，什么也不想寻找，只是让我的注意力自由地驰骋。快到傍晚了，我到了所谓的码头（船上的货物就在那里卸载）。我相信，在我面前展现的景观让我获得新生。我的感觉自我扩展，我的心更有力地跳动，我的精神飞向了不可见的事物——我的眼睛惊奇地发现，我所见的以前我从不知道，我站在那里像一根立柱。

人们可能会想，这壮丽、宁静的莱茵河，她如此宽阔，人们全然不会注意到那些船只，她如此辽远，人们可能会把她当作一道蓝色的水墙，而在对岸，是莽莽苍苍的森林，在森林之上，是海德堡暮色朦胧的群山，群山的那一边，是无边无际的大平原，所有的一切都充满了主的福运——而在我的周围，一切都这样生气勃勃——人们在这里将船卸货，在那里人们将它们推进大海，晚风吹拂着飘动的船帆——我怀着激动的心情回家，感恩上帝让我能够感觉从眼前匆匆而过的人们，他们或者习惯了万千对象，或者有一颗像猪一样的心。

晚上有一杯啤酒对我来说已经够满足了，我看得出，灯光也许愿意有我更长久地陪伴它们。

6月6日星期五

现在我重又回到了修道院。它对我再也不那么逼仄，我宁愿把我的教堂当作主教大教堂，把我的宿舍当作宫殿，我的湖泊当作莱茵河，把我的睡榻当作诸侯的林荫道。但是今天的故事只能简短一些。布鲁姆和莉克陪同我乘车一直到奥伯豪森，从那里我骑一匹马到这儿。12点的时候我在布鲁赫萨尔，但是这一次到福各廷夫人那里投宿，因为我对小客栈实在太不喜欢，我也想再见见尼克雷音小姐。她非常高兴见到我，也很乐意倾听，对我非常客气和友好。凌晨三点钟的时候我又出发了，这样我就能在天亮的时候到达这里，我旅行的故事就写到这儿为止。

能否承担做一个诗人的重任

致母亲

（蒂宾根，1789 年 4 月或 5 月）

我特别痛苦，亲爱的妈妈[1]！我不得不看着您这样忧伤和消沉地看待我和我的一举一动。关于已经过去的那些，我请求您一千遍一万遍地原谅，我已经于前天去神像前，请求他给予特别的宽恕。

关于我近来的状况，我可以向您保证，我差不多度过了这些日子和发生的事情，您的忧伤也没有让我度过太多阴暗的时光。我如此真诚地请求，我向您发誓，您在极度忧伤的时刻那么有良知地履行作为母亲和基督徒的责任，请您自己振作起来，享受美丽的春天，为充满生机的绿色而快乐，那是上帝又一次给我们的田野和树林送来的。

我还有几件事，比如我的笛子、几本书等，在纽尔廷根。您如此仁慈，请给我寄来。

我曾到舒巴特那里，他以父亲般的温和那样友好地接待我，想必您能够想象。他询问了很多有关我的父母亲的情况，还问我，是否能够如此经常地承担做一个诗人的重任，当我回答他我

1. 这封信少了称呼：最亲爱的……。

能时，他如此急切地要推荐我，我要为此感谢高高在上的上帝，我对此激动不已。有这样一个人物作为朋友，是多么快乐。我在他那里度过了整整一个上午。

我们纽尔廷根的学生原本都乐意来过五月节[1]，可是因为假期已经过去，我们可不想空欢喜一场。

我必须去上课；生活快乐，最亲爱的妈妈，爱您的——

您的

最顺从的儿子

荷尔德林

1. 五月节（Maientag），纽尔廷根一年一度传统的年轻人的节日，蒂宾根的学生无法去参加。

倘若有一点点不是发自内心，那就是错的

致母亲 （蒂宾根，1789 年春天）

最亲爱的妈妈：

因为我上次没有写，所以我现在来做这件事。我现在写，应该说那完全是因为另外的原因，也就是，我已经很长时间没做的事，为钱向您请求。我必须向您承认，我手上有一些账单，比如，我买的帽子，为了不让您有太多的支出，并且出于某种希望，从我的零钱里面支付，而否则就中断学业，为的是一定不让您有难处。只不过，我有那么多意料之外的支出，还有那么多额外的 30 个弗洛林，您知道，我为账单付出了最后的 8 个弗洛林，因为您说，您会在下个邮政日把最不可避免的支出给我及时补偿。但是必须的支出没能让您承兑您善良的诺言。您想想吧，最亲爱的妈妈！我多么需要帮助！那整整八天的集市，我把自己关起来，为的是不让花钱的诱惑到来，还有借钱等等，但是不可避免的窘迫逼着我不得不借用某些东西。我最近收到的 3 个弗洛林，一点也没有为我自己所用，最近，当一位好朋友从乌拉赫的莱茵瓦尔德来拜访我，并在我这里过夜，我不得不向他借钱。——我是敞开心扉的，亲爱的妈妈！您不要对我生气！想到您对我很满意，这个想法让我迄今一直很孤单，我没有落入陈旧的生活厌倦

之中。在排名[1]中我落在那两个斯图加特学生——黑格尔和麦克林的后面，也让我有一点点受伤。而别的人是多么幸运，他们能够通过这种吹毛求疵，不间断地继续他们的学业！——我不得不聆听一个对我来说很宝贵的人[2]对我的责备，她很尊重我的改变，她本人认为那很必要，我也为此付出了一千次斗争，可是我必须认为，我让那个女孩经历了伤心的日子——哦，亲爱的妈妈！我可不能付出这么多！！但是我有良知，我在我的书中寻找安慰，而那是美好的！如果我不是命中注定比别人更能忍耐，就会常常误入歧途。

我知道，您完全同意我的想法，因为如果我将会忍耐，我应该以您为榜样。坦白地说，把一切沉重埋在心里，是我的天赋，但是为此我感谢上帝，让我无忧无虑。您不要因为我的信生气，最亲爱的妈妈！倘若我写的有一点点不是发自肺腑，那就无论如何是错的。生活愉快，最亲爱的妈妈！请代我问候善良的卡尔。

您的

最顺从的儿子

荷尔德林

我同情比尔芬格尔，更同情他的父母亲。塞菲尔特教授先生真的在这儿。

---

1. 排名（Lokation），授予学位的名次先后。荷尔德林1792年获得文学硕士（Magister）学位。
2. 露伊泽 · 纳斯特。

因为是性格，所以虐待、压力和鄙视对它没有一点用处

致母亲

（蒂宾根，1789 年 11 月 25 日前）

同意[1]。我将在那一天乘轻便马车返回。您看，最亲爱的妈妈，我的身体和精神状态在这种情况下都垮了；您可以断定，那挥之不去的厌烦、限制、不健康的空气、糟糕的膳食，相比在自由的状态下，我的身体可能过早地失去了动力。您了解我的性格，因为是性格，所以它是绝对不能拒绝的，虐待、压力和鄙视对它没有一点用处。哦，亲爱的妈妈！我心灵的父亲经常慈爱地说，“他的大学生涯是他最大的满足”，可我却应当说，“我的大学生涯对我的生命是永远的痛苦”。如果我的请求是虚弱的，那您就同情我；如果我的请求是理智的，深思熟虑的，那就不要让对未来过度的恐惧和怀疑阻挡我们，而让我们迈出一步，使您在以后的岁月有更多的快乐。我还有很多理由，但我宁愿口头表达。您在这期间生活快乐，还像从前一样对待我，亲爱的妈妈！我肯定，我会看到，可能您的理由更有说服力，或者您的内心正在激烈地斗争。

1. 此信的开头部分遗失。荷尔德林请了一天假，回家向母亲说明为什么要放弃神学而改学更喜欢的法学，但滞留了四个星期。

您的

最顺从的儿子

荷尔德林

给亲爱的莉克寄上答应她的一首小诗[1]。对上次的邮寄我致以最忠诚的感谢。我要洗的衣物将随身带来。

1. 一首小诗，作于 1789 年的诗《施瓦本少女》（Schwabens Mägdelein）。中文版见人民文学出版社 2016 年版《荷尔德林诗集》第 32 页。

亲爱的妈妈，我以您为榜样

致母亲　　（蒂宾根，1790年1月）

最好的母亲：

您会猜到，我为什么这时候给您写信。我相信，这封信不会让您不愉快。

我已经决定，从现在起保持现状，不改变。给你制造不安定的时间的想法，那不确定的未来，我应该领受的亲爱者们的责备，以及当期望将我蒙骗，我本应对自己的适度谴责，还有我的朋友的忠告，令人厌恶的法学学业，那些撒谎欺骗，说什么我可能会过一种律师的生活，从另一面是一个安静的教区的快乐，期望某种尽快的雇佣，还有想象在可爱的区区四年里，对种种艰辛漠然置之，并对这些愚蠢哈哈大笑，所有这些最终都促使我，亲爱的妈妈，以您为楷模。父母之言无论如何总是慰藉。那就随它去吧，我已经有此慰藉了！

反正我在修道院还有朋友，可是我很难在什么地方找到他们。当忧郁自己冒出来，我的诺伊菲尔倒是尽职尽责。当我不忙的时候，这些反倒很难发生。我希望，一切都能顺顺当当。那件黑礼服也要好好做。如果您对此不厌烦的话，您只把布料寄来。

那件圆领马甲不是我的责任。今晚费舍尔[1]做了第一次布道。今年，只要上帝愿意，我也要登上布道坛。可能迄今为止，身着牧师的制服对我来说更好。

对您寄来的东西我衷心地感谢。我要看看，我是不是下次不能为亲爱的莉克写一个给施瓦布夫人的邀请。我不知道为什么少女 F.[2] 喜欢把她的信夹在我的信里。（这要告诉亲爱的莉克！）

根特纳康复了，我从心里高兴。比尔芬格尔很想卖掉一件衣服。他一直穿着一件唯一的粗布衣坐在最后。

寄上脏的衣物。

1. 费舍尔（B. T. Vischer 1769—1846），自 1787 年起在蒂宾根神学院，1790 年已是硕士。
2. 少女 F.，不详。

学习的快乐与日俱增

致母亲　　　　（蒂宾根，1790 年 6 月 15 日后）

最亲爱的妈妈：

您美好的信让我多么快乐，我都不能给您写了。寄来的东西都很好用，支出的账单也逐渐送来了。

吕梅林很值得同情。根据他的情况，当他认真地有所改进，我宁愿把这件事称为比严重更重一点。总的来说没什么可写的，在那种压力下奖学金是现实的。但是诸如此类的事还是说一说好，如果我这个夏天要到纽尔廷根做一次小小的拜访。其余的我能向您保证，我与我们的朋友——诺伊菲尔和玛格瑙相处得尽可能令人满意。我们积极地坐在我们的书桌前，并非我们所必需，而是学习的快乐与日俱增，它使我进步得更远，也更大。因此相比从前，我们很少做出错误的举动。我们三个每个人面前都有一个广阔的视野，因为当她的儿子们在哲学和神学的圣坛上做出牺牲，缪斯都同样露出一张清晰的脸。此外我还要准备特别的学位考试。这提醒我，我请求您，亲爱的妈妈！让我不要忘记，在下个邮政日把支出表寄给您，这是我在这个夏末作为考生要有的。这太平常了，可是我却认为很好，因为您自己把它设置在一定的程度上。

给亲爱的莉克的信，我一拿到就发往罗伊特林根了，正赶在邮差要动身的那一刻。

祝您生活幸福。

您的

最顺从的儿子

弗里茨

账单和硕士头衔

致母亲（蒂宾根，1790年8月中）

最亲爱的妈妈：

为您寄来的东西我致以最忠实的感谢。为那些衣服操心，是我的过错。您已经为我付出了那么多。有时间我会把学位的支出都写给您，我已经让费舍尔把账单告诉我了。

在财务室，钱箱装进了教授们的腰包，为学位要付30个弗洛林。答辩要付30个弗洛林。其中一个卡罗林[1]给博科教授先生，我对他进行了答辩，其余的，包括图书印刷，还有图书装订。全体教师又要30个弗洛林，这个半年必须要付给他们，是更昂贵的，因为他们是唯一给我们阅读的。附带的支出比如在客栈用餐，每次我们下午进行所谓的答辩过后，那是惯常的和必须的，因为我们不能去我们的修道院用餐，我斗胆支付了11个弗洛林。亲爱的妈妈，我请您把这封信给一个参与或者清楚了解这件事的人看；他会让您相信，我是不可能出得更少的。这很容易让人生气，因为整个这件事是太无用了。在我看来，所有的人都能获得硕士和博士头衔，学识渊博且出身高贵，都聚到摩里亚[2]。

---

1. 卡罗林（Karolin），当时德国南部和奥地利等国的金币，币值相当于2盾。
2. 摩里亚（Morea），希腊的伯罗奔尼撒半岛也叫摩里亚。

我很高兴卡梅尔这么好，为我操心皮带扣的事；我自己都不明白，为什么我不应当去同经销商打交道。麦克林的皮带扣用了不到十四天。重 8 罗特[1]，跟我的旧的一样。这些必须重铸。我想让它像麦克林的一样铸，银匠要 4 个弗洛林。麦克林在银匠那里看到了别的带扣，那个对我可能显得不自然；他想要这个，于是他给我提供了那个商人。我的带扣银匠要了大约 10 个弗洛林。我现有的这个，十四天前花费了麦克林 16 个弗洛林，而为了他现在用的那个新的，他还必须为我的那个旧的付 9 个弗洛林。我的新皮带扣用了好的银质，并为我的试用担保。我倒是看不出来，那个商人有点不明智。我因为有急事，最近不能把事情写得这么琐碎。

随信寄上要洗的脏衣服。亲爱的莉克的信我在下个邮政日写。给您的信反正刚到一半就结束了。我是——

您的

最顺从的儿子

弗里茨

1. 罗特（Lot），当是德国的重量单位，1 罗特约相当于八分之一磅。

我更加自觉地钻研我的书本

致母亲　　　　（蒂宾根，1790 年 8 月下半月）

最亲爱的妈妈：

对您的旅行我必须感到惊奇，如果它对您的健康没有损害。您在谢尔哈斯那里听到好消息，这个消息让我高兴。我将把给他的答辩材料写上地址。今天我将让人把它们从印刷厂送到装订厂。往纽尔廷根我大约要寄 14 或 15 本。下个星期我要进行答辩。您也应当把总数凑齐，我曾这样最顺从地向您请求，把要给博科教授先生的那个卡罗林寄给我。如果您为论文答辩后的聚餐筹集的钱没有富余的话，那最好到时候再做吧。给书的装订厂和印刷厂的款通常是马上付的。但是我让您看着办。

我向您保证，亲爱的妈妈！您给了我这么多，我将努力，把您为我付出的很多很多努力和操心，替换为快乐。我心里还有很多要做。我一点也不装腔作势地对您说，持续地学习哲学不久将是我的必需。因为我时不时地有些小的烦恼，因此我更加亲密和自觉地深入我的书本。如果我为此得不到报偿，我也可能更多地认识和回归了生活，现在！我根本不想要报偿。我的工作会为它自身的努力得到报偿。

亲爱的莉克下一次应当再给我写信。寄上给亲爱的卡尔的纪念册页。为我的剪影他需要寄一些纸片来。我已经让人给我画肖像了。向亲爱的外祖母大人致以一千次的问候。

您的

最顺从的儿子

荷尔德林

那本《实用逻辑学》卡尔应当日夜阅读。我几年以前已经从另外一本书阅读了，很有用。我让他下一点苦功，不久就会变成快乐。

要像德摩斯梯尼和西塞罗站在他们的人民面前

致妹妹

（蒂宾根，1790 年 11 月 16 日）

早晨好，亲爱的莉克：

这一次我必定在你面前丢脸了。这个早晨，我的头脑还被长时间失眠沉重地压迫，我尽了一切努力，把一些东西弄到纸上，沉默，这些东西应当充满了健康明亮的情绪，就像你的信一样。你在写信中遇到了我再次陷入的脑子木讷的尴尬，这让我难过。你可千万别这样做，小妹妹！

今天我们有一个大集市。我可不让人在小巷子里把我推过来搡过去，我要跟一个舍友黑格尔一起散步到乌尔姆林的小教堂，那里有非常著名的美丽风景。

我认为自己的宿舍怎么样？很棒的，亲爱的莉克。我的备考教师是世界上最棒的人。这个房间是最好的，面向早晨，很宽敞，在二楼上。我们七个博士生住在里面。我不是第一次对你说，那也比六个素不相识的人更受欢迎。有几个人还是很勇敢的，其中有布莱尔和谢林。

衷心祝福亲爱的卡尔进入市民演讲者席位，这就像德摩斯梯尼和西塞罗站在他们的人民面前。唯如此前景才呈现宽广。亲爱的卡尔唯有成为一个正直的人。在每一个瞬间，思考和创造，不负天性。听着，莉克！这是一件神奇的事情！学习的愿望会让每一个别的愿望实现！相信我吧。

生活幸福。为寄来的东西一千遍地感谢。生活幸福，亲爱的莉克！

你的

亲切的哥哥

弗里茨

如果你找到更多的纸张，那就寄给我！我还缺一些。

在晨光中向我可爱的故乡眺望

致妹妹　　（蒂宾根，1790年11月23日或30日）

亲爱的莉克：

此时我从我幽暗的小房间里起来，坐在窗前，在晨光中向我可爱的纽尔廷根眺望，并提笔写下给你的好消息。首先你是适合作为好消息的，因为你对我有这么多爱，因此，尽管我过着禁锢一样的生活，但我总是特别忠实地观察，根据我的决心，对此我常跟你说，无论如何，我都保持强健的体格，在额头上很少有皱纹，因为皱纹必定是适合眼泪的，如果你不想让眼泪出来，它们曾经是那么容易到来。我说的第二个好消息是我能向亲爱的妈妈保证，她不仅现在不必为我的钱包担心，而且在这个冬天她也不用费心为我寄零用钱了。我正为一个名叫费伦贝格的伯尔尼贵族讲授拉丁语和希腊语课程，这样每个月可以得到5个弗洛林。他有艺术气质，年龄跟我相仿，在一个家庭教师的监督下，与另外四个来自瑞士的贵族一起学习。

亲爱的妈妈也因此为她意料之外的支出得到一些补偿。我怜惜善良的卡尔，他很快就会发现书桌上有一株小的苦的植物。告诉他，我为他找到了一株小的植物，它苦得让我忘记了那些更苦的。那是思考着的心灵的活动。我们是否不要在最后对那篇小论文进行修改，我的卡尔和我？他是否不要在幸福的时刻向我提出那个问题：人如何实现真正的满足？我也要为此做一篇小的论文，那样，如果卡尔把那篇文章寄给我，我就可以用我的和他交流。或者另一个题材此时他更熟悉，他应当选择，而不必考虑我的建议，而我也可以选择他的题材。对我来说，亲爱的卡尔赞同我的计划尤为重要。我希望如此。我期待不久有一篇文章。

你的

亲切的兄长

弗里茨

有关那个市场，我很少走出房间。因此也不去罗伊特林根。我在这儿跟那位费舍尔小姐，她的妹妹和她的妹夫说了话。上周六卡梅勒尔也来到这儿，昨天，也就是星期一才回去。他向你致以很多的问候！

与母亲谈哲学和宗教

致母亲　　（蒂宾根，1791年2月14日）

最亲爱的妈妈：

您用您的善意狠狠羞辱了我。我心平气和地远远回到您的身后，而您给了我这么多机会来模仿您。请原谅，亲爱的妈妈！假如我在此前的那封信里漏掉了一个词，那可能是因为孩子的恐惧。——拒绝去纽尔廷根的旅行，我是完全认真的。只有在很短的逗留时间能让我留在您身边，很难说是对的，但是要延长时间我得不到许可。但是如果有可能，我这个月去。——随信附上我昨天（星期日）做的布道[1]。我这一次相比上一次，仅长了一点点。我更喜欢阐释物质，物质的精确的和正确的知识比我的日常生活更加重要。我所讲述的物质那部分，没有对基督教的信仰，如果人们能够精确地证明那件事，没有宗教，没有对上帝和不朽的肯定，我所从事的研究，自一段时间以来比过去更加坚定。我相信，有很多好的基督徒，他们没有根据他的整体性信服他的语句，也并非似乎不相信那语句是为他们而言，而是因为他们并未达到从各方面去了解基督教的完整必要性。亲爱的妈妈，请允许

1. 根据硕士学位规则，蒂宾根神学院的神学学生可以代表当地牧师做礼拜，但此次布道的文稿未保存。

我对您说，我如何不断地逐步深入进去。我钻研世界智慧[1]的那个部分，它论述上帝此在的理性的证明[2]以及我们藉由自然认知的其性质，我对此有一种兴趣，我并不感到羞愧，它可能会引导我有一段时间产生让您感到不安的思想，如果您认得出这种思想。我很快就预感到，对上帝此在的理性的证明，以及对不朽的证明，都是如此不充分，它们的全部或者至少主要部分，会被尖锐的对手推翻。这段时间我手头正在钻研斯宾诺莎的文章和有关他的文章[3]，他是上个世纪最伟大高贵的人之一，但是根据最严格的定义是上帝的否定者。我发现，如果人们以离开人心灵的冰冷的理性仔细地验证，就必定会得出他自己的想法，如果人们企图解释一切的话。但是我还是保存了我心灵的信仰，它无可拒绝地渴望永恒，渴望上帝。但是 我们难道大多数时候不对我们愿望的东西产生怀疑吗？（正如我在我的布道中所说）谁帮助我们走出那个迷宫[4]？——基督。他自身即其神迹，他所言说即其自身，他即是上帝。他如此清晰地教诲我们，上帝之此在以及上帝之爱和智慧和万能。他必定知道，上帝是什么，因为他与上帝是最亲密的结合，是上帝自身。

---

1. 世界智慧（Weltweisheit），指哲学。哲学涉及神学的部分，在于证明上帝是否存在以及上帝的性质。

2. 上帝此在的理性的证明（von den Beweisen der Vernunft für das Dasein Gottes），这是经院哲学和新时代哲学的传统，见康德《纯粹理性批判》。

3. 有关斯宾诺莎的文章和他的著作（Schrift über und von Spinoza），1）雅各比：《论斯宾诺莎致摩西斯·门德尔松爵士书信中的学说》（Friedrich Heinrich Jacobi， Über die Lehre des Spinoza in Briefen an den Herrn Moses Mendelsohn），荷尔德林有论文论述：《论雅各比关于斯宾诺莎学说的书信》（Zu Jakobis Briefen über die Lehre des Spinoza）；2）后人收集整理的《遗著》（Opera posthuma）。荷尔德林可能在蒂宾根读过此书。

4. 迷宫（Labyrinthe），德国哲学家莱布尼茨的著作《神义论》（Theodizee）中的神学—哲学问题。

这是一年以来我对上帝的认识历程。

一千次地问候我的亲爱的莉克和卡尔，他们还应该给我寄点什么。我应该高兴亲爱的姨夫[1]在勒西高担任了神父。也许我会在这个小地方度过很多宁静的代理牧师的岁月。——为寄来的东西我致以一千倍的感谢……

我是您的

最顺从的儿子

弗里茨

1. 姨夫（Onkle），指玛耶尔神父。

你的爱是深思熟虑的

致妹妹　　　　（蒂宾根，1791年3月底）

亲爱的莉克：

我们终于重新恢复了通信，在此你开了一个好头。我做得差了好多。我今天只能特别简短地给你写，原因很简单，因为天气寒冷，我要像以前一样更长时间地蜷在床上，而邮差马上就要走。附带的有一个新闻，前天阿尔卑斯山下了雪，昨天同一个地方又下了很大的冰雹，离这里几个小时路程的山上已是一片洁白。你的游记让我有很多快乐，更多的快乐是，你在这个夏天要来看我。那位赫尔菲先生已经把这个可爱的小姑娘固定在眼睛里了吗？——我对他一点也不见怪。假如他是一个正派的人，而你也真心喜欢他，那我衷心地想把他赐给你。因为我信任你，你的倾心是深思熟虑的，你是把心灵和理智，以及幸福，还有年轻和富有放在一起做一次选择的。现在我倒是认识一个人，你认识他比认识赫尔菲先生更早，因此你能更好地评价他，但我不会给你不合理的提议，假如你对一个更了解的人有意，那么就有更多的时间来决定，关系的建立是不可能，还是可能。那位善良的医生必须很快知道，他是否能指望有并且有几年时间提供服务，到那时亲爱的妈妈就需要你围绕在身边。假如必须要分开，那肯定就会有某个老实人，你会与他快快乐乐。

为寄来的东西向亲爱的妈妈致以最诚恳的感谢！

你的

亲切的兄长

弗里茨

我的硕士帽我真的戴上了。

真诚的朋友，一直爱到死

致妹妹

（蒂宾根，1791 年 3 月底）

亲爱的莉克：

我很高兴你喜欢我的信。我说的即是我想的，但那并不是取悦你们女性最可靠的方法。看，亲爱的莉克！我想要创建一个王国，内心有勇气和力量，要把人们的头脑和心灵连接起来，那即是我最重要的法则之一——每一个人，都实实在在是他自身，而不是说的和做的与心里想的不一样。那样，你就再也看不到恭维的客套，人们也不会半天坐在一起，而不说一句知心的话语——人们将善良和高贵，因为人们不再表面上善良和高贵，于是就会有真诚的朋友，相爱一直到死，我相信有更好的夫妇和更好的孩子。真挚！感谢上帝！妹妹！我们兄弟姐妹从我们尊贵的母亲那里继承了这些美好的品格。

你信中所说的耽搁的原因，让我信服。

当我思考未来的时候，我对自己的担忧越来越少，因为我一天比一天深信，没有人比我更加纵情欢乐地度过每一天，没有人比我更正直地从幸福之手中接过粗茶淡饭。而我最高的愿望是，在宁静和孤独中生活——能够写书，不会因此挨饿。

不要笑话我，小妹妹！约瑟的兄弟们[1]——一点点也不为此与你相比——从前，约瑟的兄弟们称他为一个梦想者——而那个男孩子却要成为一个真正的男人！因此，考虑到从前的仆人，从前的婚姻和家庭[2]，我对自己，很少操心，唯愿你们一切顺利，你们亲爱的！让亲爱的妈妈健康快乐地生活在我们中间，你有一个正派的丈夫，不要因此成为一个悍妇，还有善良的卡尔得到他应得和能得的快乐！

再见，小妹妹！快点来啊！

你的

亲切的兄长

弗里茨

现在我又要为明天中午的布道做准备了。我已经决定，这一次完全发自内心地讲，这样更容易。诺伊菲尔向全家致以衷心的问候！

1. 约瑟的兄弟们（die Brüder Josefs），《圣经 · 旧约》中，年幼的约瑟遭哥哥们欺辱虐待，后又被他们卖掉。

2. 从前的婚姻和家庭，指父亲去世、母亲改嫁等。

人必须旅行

致母亲 （蒂宾根，1791 年 4 月初）

最亲爱的妈妈：

那件大衣真的是太好了。纽扣还要拖延到星期一。亲爱的莉克要与少女高克[1]乘车来这儿吗？——通报她们已经到了施瓦布的屋子。枢密顾问先生[2]星期三又要出发旅行，他问我，我的妹妹是否最近还要来这儿？我对他说，我星期四要出发旅行[3]，他很善意地接受。我的防滑手杖可能在纽尔廷根。假如能找到它，我最诚恳地请求寄给我，因为它是我不可缺少的一件东西。我记得要携带三件衬衣、三块手绢和三双袜子（因为旅行），放在一个小行囊里。因为我们三个（我和希勒，您认识他，还有迈明格）旅行，所以可以雇一个人为我们把换洗的衣物从一个主要地点带到另一处，并给我们指路，这花费不多。但是因为东西对我太昂贵，所以我只带最需要的，其余的都放下，直到我回到夏富豪森我的女

1. 少女高克（Jrf. Gokin），很可能是荷尔德林的亲戚，因母亲改嫁后，改姓丈夫的姓高克（Gok），在姓 Gok 后面加 in 表示女性，有时也加 en 表示男性。

2. 枢密顾问先生（HE. Geheimrat），C. J. 施瓦布。

3. 荷尔德林于 1791 年复活节期间与好友希勒、迈明格徒步去瑞士旅行，后有诗《瑞士州》（Kanton Schweiz）记述此次旅行，见《荷尔德林诗集》第 97 页。

同乡那里。齐格勒夫人[1]可能也会让我捎一封信。如果您觉得合适，我最衷心地恳请您向施佩奇亚尔先生[2]，或者赫尔菲尔先生要一些去苏黎世的地址，或者也要一些夏富豪森、康斯坦茨、温特胡尔的。我明天会为此写信给斯陶特林。为此我也会去校务长先生那里。我想，人必须旅行，并尽可能地利用旅行，做日常生活中从未做过的事情。

我前一段时间从纽尔廷根的费舍尔先生那里借了一件衬衣，它在换洗的衣物里，肯定在您的手头，我最诚恳地请求您把它找出来，做好标记，寄给我。

生活幸福，亲爱的妈妈！

您的

最顺从的儿子

弗里茨

1. 齐格勒夫人（Fr. Ziglerin），可能是住在荷尔德林母亲家的前养老院院长齐格勒的遗孀。
2. 施佩奇亚尔先生，不详。

对未来的希望是我的慰藉

致母亲 （蒂宾根，1791 年 11 月）

亲爱的妈妈：

我从心里感谢您善意的参与，以此您探询了我的状况。但是我遗憾的是，您必须用我的信去做这件事。坦率地说，我的身体状况一直不太好。我总是那样省吃俭用，我上午有时候有绞痛，而下午却常常有头痛。因此，内在的生命失去了他青春的力量。我很少垂头丧气，也很少轻松快乐。我不知道，这是不是性格的历程，是否我们越来越接近男性成年的年龄，旧的生命活力就失去了，或者，这都是我的学习造成的，或是修道院的原因。但是那是我不应当写的。最终那是忧伤的情绪。对未来的希望慰藉我，当下留给我的并非空荡荡的快乐。我认为一切都应该向好而行。——格吕茨曼得到了四天假的准许。我最近还不认为，极有必要能够出示一封家信。假如您没有那个善意，到下个邮政日时特意给我写下几行字，大意是，“您因为一件涉及广泛的事情，想和我进行几天的交谈，这种改变对于我时好时坏的健康是有益的。”

当我能够再一次与您进行一段时间的口头交谈，那我将非常高兴，亲爱的妈妈！——向亲爱的妹妹弟弟致以很多问候！

您的

最顺从的儿子

弗里茨

为寄来的东西致以我最诚恳的感谢！

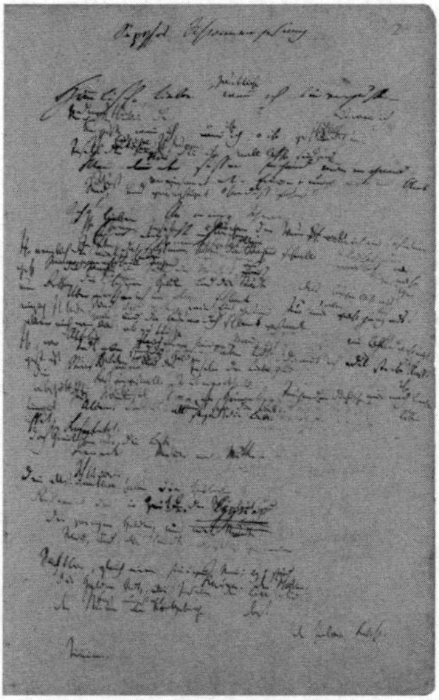

诗《萨福的天鹅之歌》手稿

我们必须给祖国和世界一个榜样

致妹妹　　（蒂宾根，1792年2月或3月）

亲爱的莉克：

一千次地感谢你亲爱的信！你其实根本不用为你写信的匆忙道歉。

我现在更多地要为我的复活节假期高兴，因为我又可以生气勃勃地体验，最好是和我亲爱的家人住在一起。路途中浓雾弥漫，但是旅行一点儿也没有伤害到我，相反，我发现它很有利于我的健康。基督之爱还在做他的感恩祈祷。如果我是对的，亲爱的卡尔已经给了我一个委托，但他委托的是什么，我却一无所知。那把桌刀我也没找到。

卡梅勒尔可能会走弯路。在八天的时间里，由于我们的规章[1]，我可能会写某些确定的东西。可惜我必须这样做，因为事情就是这样，如果没有一个深明事理的人不放弃他的荣誉，接手这件事，如果我们不能与之对抗，因为在这种情况下我不能下定决心，找出另一种状态，那么，我将不得不用辛勤的劳动挣得自己的面包。上帝知道，我多么爱自己的家人，我多么愿意按照他们

1. 规章（Statuten），蒂宾根神学院自1789年11月起就准备修改学院规章，但是直到1793年才颁布。纪律处分条令经卡尔·欧根公爵批准，但遭到学生和部分教师的批评。

的意愿生活，但是我却不可能违背我的意志，让人把无条件的规则强加于我，让我待在一个地方，把我精粹的力量化为乌有。我希望能够预见到，将来在别的地方能继续做得顺利，如果我只是做我能做的，成为一个人，尤其是到那个时候我会期望从事神职，可能是自行改变的政府形式。因为，如果威廉王子（作为新教徒）登基，神职职务的授予将受制于他的任意性，就像世俗职务一样。我不是唯一做出这个决定的人，我们留校生和奖学金领取者的大部分和最好的部分在这种情况下都会走。而我也会是那种唯一——我会竭尽全力拯救我的荣誉和我的力量。如果我徒劳地忧虑，我会付出很多——但是我担心会这样——最新的消息很不好。格奥尔基单独抗议公爵的想法，但是被否决了，于是接下来事情就会很快进展。这件事确实很重要。我们必须给祖国，给世界一个榜样，我们决不能听任我们受意志的摆布。而好的事情总是希望得到神性的护佑。

生活幸福，亲爱的莉克！不要让亲爱的妈妈操心太多！如果我不想丧失勇气，我就不应对此思考太多。孩子的爱与荣誉的感觉之间的斗争绝对是异常艰苦的斗争。生活幸福！

你的

亲切的兄长

弗里茨

人们阅读或理解的一切，大多是人心的

致妹妹　　（蒂宾根，1792年6月19日或20日）

亲爱的莉克：

我不知道，我们的通信到最终会是什么。我的头脑里总有一千件事情走过，为此我不能跟你谈论我的遗憾。我相信那是孤独的幸福与不幸，人们阅读或理解的一切更多是人心的，但是那样的话糟糕的是，如果别的东西也要进行处理，那些不合时宜的客人，即已经阅读或者加工过的东西，其先入为主的想法，就会占据了位置。

现在法国和奥地利之间很快将进行决战[1]。在妖魔的报纸上已经声称，法国人遭到了全面打击——但要记住！！这个消息来自科布伦茨，因此人们完全不用相信凡是有利于奥地利人的消息。这条消息完全是一个谎言，昨天在斯特拉斯堡的报纸上日期为6月15日的消息说，两位法国将军卢克那和拉法耶已经把奥地利军队完全包围并且希望迫使奥地利人无条件投降。

决断必定很快做出。相信我，亲爱的妹妹，如果奥地利人赢了，我们将进入糟糕的时代。王侯政权的胡作非为将是可怕的。

1. 1792年2月，奥地利和普鲁士结成反法同盟，1793年英国入盟，同年4月20日法国对奥地利宣战。

相信我吧！并且为法国人祈祷，他们是人权的捍卫者。

对不起，我这样同你说话，可我是把斯陶特林小姐作为楷模的，我承认，我特别喜欢她的信。

我何时接受我的疗养月，要看弗拉特教授停下一个月的阅读课的时间。大约八天我就会知道确切的消息了。为寄来的东西我诚恳地感谢。再见，亲爱的莉克！

你的

亲切的兄长

荷尔德林

妈妈的面包多香啊

致母亲

（蒂宾根，1792 年 9 月 10 日前后）

亲爱的妈妈：

您从现在起将要一点点适应没有亲爱的莉克在身边！——这一年剩下的部分，您没有她的陪伴，将会很快过去。这样您在这个半年里至少还有两个男孩子在家里——然后那个年龄大一点的将去闯荡世界，谁知道，那个云游的骑士何时回来。我已经多少次地说过，妈妈的面包多香啊，人在外面很容易想家，尤其是亲爱的妈妈喜欢把他留在家里，甚至可能一步也不让他离开。我因此好多次想起善良的卡梅勒尔。我相信，他本来会表现得更聪明，而不是像我在他的位置上那样。亲爱的姨夫的康复我从心底里高兴。我附上给我的妹夫[1]先生的信以及给他的信的提纲。我高兴的是我刚巧没有纸了，这封信必须以后几天快速地写，否则的话我已经写出草稿了，也就不能为亲爱的妈妈服务了。它可能对您来说非常难以辨认，但是我想，您可能非常熟悉我的银质的印刷体[2]。换洗的衣物我会打包。很显然还有时间，我把一个背心的图

1. 海因莉克 · 荷尔德林的未婚夫布罗英林。
2. 银质的印刷体（Silberdruck），用银质的印刷体字母印制的昂贵的图书，这里是开玩笑，因为荷尔德林写信向来字迹潦草，难以辨认。

案寄给您（一个好朋友要在家里描绘）——您把它寄给斯图加特的拉普，我听说他对这种图案非常熟悉，并且写信告诉他，他应该把东西立即寄到这儿，如果这不让您为难的话。我可以请求要我的大衣吗？我想把领子改一改。

为您寄来的钱向您致以最真诚的感谢。

您的

最顺从的儿子

弗里茨

为祖国牺牲财富和鲜血，是甘甜和光荣

致母亲　　（蒂宾根，1792 年 11 月下半月）

我无限地高兴，亲爱的妈妈！您关注在我的信里发现的热情。我青春的激情选择了郁郁寡欢的道路。现在，这种激情似乎稍稍有点流逝，但是正像我希望的，郁闷忧伤并未出现。人因毫无成果的愿望和梦想荒废了很多宝贵时光。如果这些没有实现，那就烈火焚烧屋顶。但是您不赞同我的这些，是多余的。我几乎不可能让自己进入那么多的社团并被接纳其中，那些充满愚蠢和危险的社团，就像人们说的，在那里应当敬畏崇高的荣誉。但是这并不意味着，亲爱的妈妈，我没有承担自己的责任，我谈论的这些社团大多是年轻人的。

但是为了不多关注我的作为和事业，我要向您提出一个幼稚的请求，亲爱的妈妈，不必对那场战争[1]有太多的顾虑。我们为什么要对未来忧心忡忡呢？可能会发生的，也许并非您担心的那样糟糕。很明显，变化就在我们身边发生，也不是不可能。可是谢天谢地！我们不属于那些要被剥夺合理的权利并因为暴力和压迫而遭受惩罚的人。总的来说，不论战争在德国往何处去，善良

1. 1792 年 10 月 21 日，法国军队攻占了德国西部的重要城市美因茨。

的市民会失去的很少，或根本不失去，却会获得很多很多。如果必须要为祖国牺牲财富和鲜血，那也是甘甜和光荣[1]，如果我是在芒斯[2]战死的一个英雄的父亲，我将会为他流下的每一滴眼泪而愤怒。就像我确认的，在美因茨的法国军队里，整支队伍都是十五六岁的男孩子，真让人感动和美好。如果有人因为他们年轻而质问他们，他们说，敌人需要与庞大的士兵一样多的子弹和弹药，来把我们杀死，我们像一个人那样迅速行动，并授权站在我们身后的人，把在战役中怯阵的第一个人击倒。可是邮差要走了。生活幸福，亲爱的妈妈！

您的

最顺从的儿子

荷尔德林

1. 译自古罗马诗人贺拉斯的《颂诗三》，原文是拉丁文："dulce et decorum est pro patria mori"，大意是：为祖国而牺牲，甘甜和光荣。
2. 1792 年 11 月 6 日在比利时的芒斯（Mons），奥地利军队被击败。

法国将沉沦，还是……

致弟弟[1]（蒂宾根，1793年7月初）

科塔从法国来信，跟我从斯图加特获知的一样，法国人将用高昂的行动，把7月14日[2]作为联邦的节日，在全国各地举行庆祝。我热切盼望着。法国将沦为尘土，还是成为一个伟大的国家，真是命悬一线。

其实我有九页作品放在面前，用于我们未来的刊物。假如能实现，那9个金路易[3]对我来说能做很多事。……

1. 此信系节选和摘要。
2. 攻占巴士底狱的周年纪念日，后来成为法国国庆日。
3. 金路易（Louisdore），法国金币名，铸于1641—1795年间。

即使当抄写的奴工，也胜过在神学的长廊

致弟弟[1]　　（蒂宾根，1793年8月中）

……相信我，即使被绑在役车上当被赞赏的抄写，也胜过在神学的长廊哀叹。

我完全没想到，你会喜欢亨司特胡，下次我给你寄第二部分。

你也不想读马基雅维利的书，那个暴君的可怕的教师爷？他的全部文字都针对一个问题，就是如何用最简单的方法征服一个民族。我相信，他的那些可怕的教条对你无害。

《堂·卡洛斯》的作者席勒下个冬天将在海尔布朗度过，我的尊贵的马提松已经回到国内。他需要在维尔德浴场做一次疗养。

你相信吗，我在冬天将组建一个小的团体，我可以用希腊语跟他们交流？我对此充满渴望！

1. 此信系节选。

能唤醒人们更多的爱和积极的参与，就是个幸福的人

致母亲　　（蒂宾根，1793 年 8 月）

最亲爱的妈妈：

我原想花一个小时骑马到纽尔廷根一趟，目的是亲自向您致谢，因为您的仁慈和母亲的操劳，您的亲爱的信引起了多么大的欢呼。但是事务繁多，把我阻拦。您相信，亲爱的妈妈，我一天比一天更理解精神和心灵，并尊重我全身心感谢的人。我常常如此清醒和活跃，如果我再一次读到这样一封贴心、智慧的信，很少有人像我一样有一位这样的母亲，您看，这是我祖先的骄傲，对于我，假如我的母亲与男爵公主通信，那也远远不如。——您为了我倾家荡产，这是根本谈不上的[1]。就说那些实际上完全在您支配下的，我所需要的从比例上也是很少的，因为算起来，到那时我就能自己挣大约一百个塔勒。相信吧，亲爱的妈妈，这绝不是昏了头，让我在这么短的时间选择了这样一个目标。我有更多非常真实的原因。我记得很清楚，我已经给您列举过一些，不久还将口头详尽地说说这件事。您根本不需要一下子积攒很多钱。

1. 大概是指由母亲掌管的荷尔德林父亲的遗产。

我需要花的无非是必不可少的衣服、零花钱，还有旅行等等。我很明白，我要用很少的钱学得更多，进行重要的培训，而不是用很多。无论耶拿还是瑞士都被战争威胁。假如战争离我们越来越近，我对此还不是很清楚，但是很自然，我不会离开家，而是要留下来。我看不出，去布劳博伊伦要很多钱有什么用。为您寄来的东西向您说最真诚的感谢。

凯勒先生[1]的不幸离我也很近。他很可惜！又成为糟糕的政府的一个牺牲品。这该死的官方贸易等等！您已经说出了我的心里话，亲爱的妈妈！如果一个人的手被捆住，那常常真的是很难的。如果一个人必须用痛苦注视他的兄弟们，并且竭尽全力也不能有所帮助，那就是痛苦！——这份大材料也是我给人们布道最常用的内容。您能相信，我从温暖的内心说话。我常想，当我又一次从我的布道坛上下来，“假如你唤醒了人们更多的一点爱和真心积极的参与，你就是个幸福的人”。哦，假如我在这个世界上不能施展什么抱负，那我就留在这儿，以博爱之心教导和鼓励一个教区。再次一千遍的感谢！尊贵的母亲！

您的

最顺从的儿子

弗里茨

1. 凯勒先生（HE. Keller），指玛耶尔，公爵的财产管理者。

我的脚已经好了，但是还要让皮肤更结实一些，还必须抹一点药。

我在信里附上的信，亲爱的莉克昨天已经拿到了。我也附上了给全家的。

亲爱的妈妈，不要多愁善感

致母亲　　（蒂宾根，1793 年 8 月或 9 月）

最亲爱的妈妈：

我的信让您不安，我真诚地表示遗憾。您完全应该相信，我能够用一切让您高兴，我将不间断地为您创造的快乐，再也不会像过去那样花费那么多了。我还没有给姨夫先生写信。我必须承认，我对亲爱的妹妹的情况[1]现在并不担心，也一点也不知道您是否还在布劳博伊伦赋闲，还是没有，您是否从现在起要逗留在那里。我十分地恳求您，亲爱的妈妈，在亲爱的莉克那里，不要多愁善感，要对她说，我从下周开始给她写信，并通知她，我要在假期去做客。

我是否能获得一个好的家庭教师的职位，这个想法与我的耶拿规划要等到我本人达到至少一半的要求，并把它们都写在一起。这当然是一个特别不让人愉快的角色，我将在纽尔廷根扮演这一角色，如果我根据您的善意的建议，在这段时间一直待在家里。如果人无所作为，那么人们就会说，他吃他母亲的白食，在世上对于她毫无用处。我必须担心的还有，如果我长时间找不到

1. 海因莉克的第一个孩子于 9 月 17 日出生。

工作，教会监理会[1]就想抓住我，迫使我去随便一个代理牧师的职位，去做没有人自愿做的牧师。我将用一切力量为自己申请一个家庭教师。那么，改变您身边的环境直到感恩节吧，亲爱的妈妈，到那时也许就有可能了，——我将要一直利用您的慈爱。亲爱的卡尔的信让我非常高兴。我会到下个邮政日向他表示感谢。请原谅，亲爱的妈妈！如果我在上一封信里表达得太生硬，那么，用您一直以来的爱，爱——

您的

最顺从的儿子

弗里茨

1. 教会监理会（Konsistorium），神学院的毕业生必须接受发放奖学金的当地教区主管的监管和关照。毕业生若想要在符腾堡之外居住或推迟担任神职，必须说明理由。

我的爱是属于人类的

致弟弟　　　　（蒂宾根，1793年9月上半月）

亲爱的卡尔，你也再一次写信，这很勇敢。我能猜想，你也想要参与我认识新朋友的快乐。我永远不会忘记，当我们还是男孩子，是青年时，我们是多么地爱。看！亲爱的卡尔，我也曾想到，你因缺少朋友而哭诉。我完全懂得，这是青春之心的觉醒，我曾经历过那金色的年代，那时人们如此热烈，如此博爱地拥抱一切，那时一个人参与所有的一切仍觉得不满足，那时人是一个人，一个朋友，在其中我们重新发现心灵和喜悦。我应当向你承认，我不久就要越过这个美好的阶段。我不再如此温暖地依赖于一个人，我的爱是属于人类的，它当然不是堕落的，奴性的，悲哀的，我们太经常地看到这样的爱，即使它仅限于非常个人的经验。但是我爱伟大而美丽的品格，即使在堕落之人中也是如此。我爱未来之世纪中的人。因为这是我最衷心的向往和信念，我牢牢坚守着并为之努力，我们的子孙将会更好，在自由的神圣温暖的光耀下，优秀的道德将会比在专制独裁的冰封下，更蓬勃地生长。我们生活在一个时代，所有的一切都为更好的未来而努力。这启蒙的幼苗，沉默的愿望和个人致力于建设一个人性的社会，将会扩展和强大，并且结出丰硕的果实。看！亲爱的卡尔！这些就悬在我的心上，是我的愿望和努力的神圣目标——这是，我在我们的时代唤醒的幼苗，它们将在未来成熟。如此，我相信，我与每个个人的联系将会降一点温度。我想要在全体中活动，全体并非要我们把个人弃置一边，当全体一旦成为我们愿望和奋斗的一个目标，我们就不会全身心地为个人而活着。但是，我因此仍然是一个朋友的朋友，可能不像过去那样是一个如此亲密的朋友，但仍是一个真诚的、热忱的朋友。哦！如果我找到一颗心，她像我一样，向着我认为神圣的、高贵的、超越一切高贵的目标奋进。那么现在，贴心的兄弟！那时候那个目标，建立和改善人类的目标，那个目标也许是我们世俗生活不可能完全抵达的，但是我们在我们活动的范围内准备得越充分，我们的更好的后代就将更容易地实现——那个目标，我的卡尔！生活着，我知道，它也许不那么清晰，在你的心中也是如此。假如你愿意做我的朋友，为那个目标而结成同盟，我们的心从现在起就更坚定，不可分离，紧密无间地联合起来。哦！有很多很多兄弟，但是那种朋友般的兄弟寥若晨星。生活幸福。向亲爱的妈妈致以一千次的问候。

你的

弗里茨

马提松的诗我已经借出了。寄来一些另外的，其中的波莎侯爵[1]与国王的对话是我喜爱的篇章。（第 259 页）

1. 波莎侯爵（Marquis Posa），席勒的戏剧《堂 · 卡洛斯》中的主人公之一，他曾要求国王给人民自由。

与世界上最有教养、最让人喜欢的人在一起

致母亲 （瓦尔特斯豪森，1794年1月3日）

最亲爱的妈妈：

自天而降的新年慰藉和快乐！一千次地感谢旧的、过去别的岁月中所有的爱！

明天是我抵达这里的第八天。说真的！还没有一个人像我这样不惬意。封·卡尔布少校先生，这个世界上最有教养、最让人喜欢的人，对我像对一位朋友；并且至今未变。封·卡尔布夫人仍在耶拿。我的那个小学生你不得不喜爱，他是这样一个聪明、漂亮的男孩子。我的生活方式如下：早晨7点至8点我把我的咖啡带到房间，我在那里可以自主生活到9点。9点到11点我授课。12点以后用午餐。（他们因为他们的萨克森烹饪艺术，对我十分同情，所以我必须对他们说，这里有一个维也纳女厨师，把餐桌布置得十分漂亮。）用餐后，就像晚上我可以与少校在一起也可以不在一起，我可以与小家伙外出，也可以不出去，工作或不工作，随我的意愿。从3点到5点我再授课。其余的时间是我的。晚上这里也用餐；啤酒极好，不仅我喝，这里的统治阶层也喝，有了它，我很容易就忘了我们的内卡葡萄酒。为此，我感觉自己很健康。我的旅行费用，我偶然听到，已经支付了。这里非常美丽。

宫殿坐落在村庄之上的山坡上，我有最舒适的房间。这里的人，就我迄今已经能够认识的，都很好。尤其是我与那位神父已经是很好的朋友。我宁愿在这样的环境，不愿在城市。少校的马匹，如果我想用，可以使用。少校特别喜欢安静，很少外出旅行，社交总是很少。“我在人群中时间够长了，喜欢去陆地和海洋。”他说，“现在我最喜欢的是女人和孩子，屋子和花园。”他三年以前还在法国服役，在拉法耶特将军率领下参加北美的战争。他的脸很像纽尔廷根的枢密顾问[1]先生（他让我代他和他全家向您致意）。

我的旅途中最愉快的时间是在纽伦堡。斯陶特林给了我一个教皇使节处秘书舒巴特的地址。纽伦堡有它哥特式的宫殿和勤奋的居民，是一个令人敬畏的地方，非常友好地坐落在宽广的平原上，有环绕的冷杉林装饰着它。我也在读书协会和公园的亭台楼榭认识了很有教养的人。在埃尔兰根我与我的同乡和表弟，斯图加特的中型动物猎人的一个儿子过了一个真正快乐的圣诞节，也在那里聆听了阿蒙教授做的很逗乐也很让人回想的布道。我下个星期再给布劳博伊伦和勒西高写信。一千次衷心的祝愿和致意。祝我亲爱的卡尔一个美好的早晨！

您的

弗里茨

1. 枢密顾问（Hofrat），比尔芬格尔。

向在纽尔廷根的所有人致以一千次的敬意！

我从科堡给您的信，我希望，现在您已经收到。

我的地址是：给荷尔德林硕士，封·卡尔布少校家的家庭教师，迈农根附近的瓦尔特斯豪森。

免费至纽伦堡。

作为一个教育者，我一点也不考虑自己的幸福

致外祖母　　（瓦尔特斯豪森，1794 年 2 月 25 日）

我最敬爱的外祖母！我现在能够与您谈谈我的情况，因为我现在对这里的土地和人都比较熟悉了。但是我首先要对您说的，全家人的爱，特别是您的爱，我是多么难忘。您一千次地出现在我面前，我感谢您的仁慈的每一个富有表情的证明，它让我有无法言说的快乐，为此我们将会再次见面。我们一定会再次见面，亲爱的最尊敬的外祖母！我愿意是您的一个配得上的外孙！我能够做这么多好事，我的青春得益于您和亲爱的全家人的恩惠，我在我的职责范围内履行我的责任，也不足以报答。它要求我为此全力以赴。我的可爱的小学生整天缠着我，像缠着一位父亲或者兄长。我一点也不考虑自己的幸福，它在于一个教育者的工作中。那最微小的善意，我种植在他的心中，将结出硕果，成为无尽的恩赐。这个想法无限地增强我的努力。当然我也要从各方面减轻我的工作。我完全没有压力地生活，到处都感觉到人们迎面而来的友谊。但我也生活得很孤单，但我发现这正好有利于精神和心智的培养。我交往的人很少，但他们都是通情达理的和善良的。我现在生活的这个小地方，有点远离城市以及它们的新奇和愚蠢，但是这里的状况是很惬意的，宫殿坐落在山谷附近最美丽

的一座小山上，宅邸周围的花园也给了我很多快乐的时光，如果我想要离开，从这里往北五个小时的路程到萨克森—迈农根，从这里八个小时到维尔茨堡的施韦因富特，等等。歌塔离这里大约有一天的路程，对面是图林根的群山，给这里一个非常美丽的风景。到复活节我要去那里做一次游览，然后去探访富利玛尔。

我从我的旅行中发出的少量消息，都会转告给您的。这里的布道者是个庸人；我们在一起像朋友一样。下个星期初我将再一次登上布道坛。布道词我还未完全准备好，如果我不好好练习，还会再次失败，我可不希望那样。

您一直很健康，在勒西高的人都好吗？我特别想知道他们的新消息。亲爱的母亲的上一封信我 18 日才收到，那段时间对我特别长。为了让快乐更大，长久的等待最终换来快乐的显现。我非常懊恼，因为我必须结束了，总的来说这封信写得太匆忙。假如我又一次超出了一点点时间，我要想办法把它补回来。向姨夫先生和姨妈夫人，赫尔菲夫人，亲爱的表妹，向露易丝致以一千次的问候和敬意。亲爱的外祖母，生活幸福！

永远是

您的

最听话的外孙

荷尔德林

向您致以一千次衷心的祝福，亲爱的母亲，还向布劳博伊伦的亲爱者们，向亲爱的卡尔，以及向马克格罗宁根的人们！我把这封信的地址写给您，因为我这次超出了时间，写得多了。您看到的，实际上是给亲爱的外祖母的。

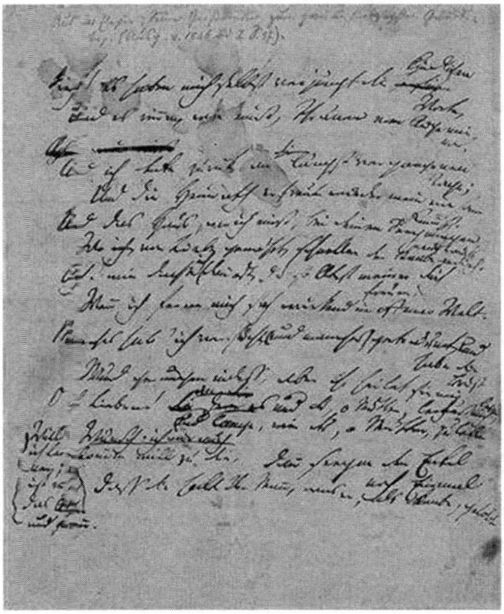

诗《我敬爱的外祖母》

我将一如既往地永葆施瓦本之心

致母亲　　（瓦尔特斯豪森，1794 年 4 月）

亲爱的母亲！我终于能够满足和您交谈的愿望了。我是幸运的，因为您和亲爱的全家人都过得跟我一样好。我比以前更健康了，以愉快的心情做应该做的事，并发现我做一点点事就会得到感谢，这是我从未期待的。我的状况事实上很有益；与很多情操高尚的人在一个友好的氛围中，工作不受打扰，心智充满慈爱的快乐，处处有自发的热心助人，人们以此为我创造了我渴望的最微小的舒适，即使有一种状况更有益于我的教育，我也必须在诉苦中尝试一种味道，假如我现在不向您保证我是满意的，那会怎么样。

我的时间分为我的课程、在我的屋子里的社交，以及我自己的工作。我的课程效果特佳。我仅有一次不得不需要使用强有力的方法，这是不言而喻的，我的亲爱的弗里茨露出一种不满意的表情，他需要用一种严厉的词语受到惩罚的情况是很罕见的。假如我们一起在社交中，大部分时间是轮流朗读，一会儿由先生们朗读，一会儿由封·卡尔布夫人，再由我，当围桌而坐或在散步中，人们或严肃或玩笑，让每个人自在。但是，假如我因为自己的某些工作显出精神不振或者脸色不佳，人们就知道这是什么原因，我就不需要参加交谈，因为我心情不在这里。这完全是根据我自己的感觉，您能够想象。我沉浸于自己的工作时间，现在对我比过去更宝贵，我显然下个冬天要去魏玛，在那个城市自身拥有的伟人圈子里过冬。这样，我除了我的小家伙之外，还要给红衣主教会议主席赫尔德的一个儿子授课，并在他的家里寄宿。封·卡尔布夫人也为此告知了歌德和维兰特，她是他们所有人最信任的女友。夏天我将出发前往那里，把那个幼年的赫尔德带到这里，然后，在秋天与他和我的弗里茨花很长时间去往魏玛，没有父母陪伴。接下来，我将以封·卡尔布夫人的名义前往纽伦堡，假如我要与之交谈的那个人届时没有外出的话。

今天我们有迈农根公爵来做客，少校夫人说我应当与他相识。可能我在说这件事的信寄出之前，在这个晚上写点有关他的事。

中午

我找到了好机会，出来一会儿时间，尽可能再与您谈谈。您能够想象，紧接着这盛大的几个小时——立即就想到母亲的灶台。想到我的家乡就让我有无以表达的幸福，我在这些人中间过得也这么好。我发现处处都一样，一个先知[1]在故土很少行得通，可在远处就大行其道！每当我想到，我曾经是多么羞怯和虚心，我就想笑，而现在，为了不让被人当作笨蛋，我必须给自己体面，为了不让屋子蒙羞，应当也只能如此。对这种故意贬损总要一笑了之，亲爱的母亲！在这种环境中，我将一如既往，永葆

1. 先知（Prophet），参见《圣经·马可福音 6:4》。

施瓦本的心。——我仅有一个小时，仅有一个小时！再次与您，与我的卡尔和妹妹，以及其他亲爱的人在一起。对所有的人致以一千次问候和敬意！

迈农根公爵与这个地区的人相比有天壤之别。他大约有30岁，但仍然是一个平易近人善于交际的青年。他十分受欢迎。他一头短发，似乎对那些真正的礼仪不太在意。

下个星期我也要给妹夫先生写信。请您原谅，亲爱的母亲，您在复活节的时候一定要想着与妹夫先生和亲爱的莉克团聚。我的卡尔也应当给我写信。我一千次地想他。我希望他信守他的诺言，作为一个志愿者[1]扛起枪。我在这里也已经对他承诺，因他的勤奋，以及他所有的天资，成为一个有用的人才。我总是有这样的想法，为他创造一个更适宜的、有利他的教育的好的地方。他现在有什么打算吗？他会来马克格罗宁根吗？——现在还有一项使命！您可能觉得不太愉快，可是我却不能拒绝。少校夫人希望得到六升施瓦本的樱桃酒，她会把樱桃酒的钱以及运输的费用寄给您，但是当然樱桃酒必须是上等的。这里得不到。少校夫人说，接下来会亲自给您写信。我很抱歉，纸已经写满了。

生活幸福，最亲爱的母亲！

永远是您的

弗里茨

1. 志愿者（Freiwillger），符腾堡等德国南部面临法国的入侵，符腾堡公爵试图组织志愿者队伍，但遭到人民群众的抵制，由于担心会威胁到自己执政，这一计划最终流产。

自从我不再有忧虑，就开始发胖

致母亲（瓦尔特斯豪森，1794 年 4 月 20 日）

最亲爱的母亲：

我急着要向您保证，我仍牢牢地坐在瓦尔特斯豪森，身体健康，心情愉快。我不太能理解，我的上一封信本该在您写信之前到的，却还没到。要是丢了，我真的是很心疼，在此期间，您一定在等我的消息。我在这段时间也写了一些信，因为时间太短，我不能复述。唯一的事情是，为慎重起见我必须重复，那是封·卡尔布夫人交给我的一项使命，她请求您给她买 6 升樱桃酒。一旦她知道价格，就会把邮费和其余的钱都寄给您。

我多么希望现在有几个小时跟我在纽尔廷根的亲爱者们在一起啊！妹夫先生和亲爱的莉克现在一定在那里。一千次地问候。在心中我常常在那里。

在复活节的星期一我又做了一次布道。我跟您说，最亲爱的母亲！这是对您最大的安慰。

我的可爱的弗里茨已经病了三个星期，但现在他已经逐步康复了。他四肢的小病，一点风湿，没有留下一点迹象。我曾对他非常担忧。这小家伙美丽的心灵里有我的至爱。

我看春天没有地方比这里更美。我的祖国[1]的田野也充满无限的福运吗？我为美好的施瓦本感到真正的快乐。

我再次附上给那封信的答复，那封信是您封装的。我现在不会也不应当考虑改变我的现状。您下次多给我写写有关亲爱的布劳博伊伦的客人们的事。我非常希望能有很规律的邮政日。我总是特别惊奇，那些我想写的东西却写不出来。

我现在发现，操心和莫名的忧虑在某些时候也是好事。自从我不再有忧虑，我就开始发胖。

亲爱的外祖母夫人身体不好，我非常沉重。我希望从这页纸以后，下次能听到让人高兴的消息。请原谅，亲爱的母亲！我这一次是嗖地一下子写的。下次我争取好好地写。永远是——

您的

弗里茨

1. 在我的祖国（in meinem Vaterlande），荷尔德林的故乡符腾堡。

要自我提升，无论如何不能沉沦

致弟弟　　（迈农根附近的瓦尔特斯豪森，1794 年 5 月 21 日）

你竟然把你的存在和你的想念告知我，这是多么勇敢的举动。我在这期间常常想念你，自从我们在田野上分别的那个时刻起，并且再也不能分别了。

现在这个距离对我来说就像天边一样远，我常常以为，我一定敢于像飞一样向着你们亲爱的人们奔去。但是从那以后我们又都年长了些天而已。

我怀疑，我是否将要这么快地离开我当前的状况。我有闲暇进行自我教育，也有外部的诱因，并且，假如时机很好，我的其余的工作适合作为疗养的时间。现在还不确定，我下个冬天在魏玛不能不与在耶拿过得一样好。这两个地方对于我都是最合适的，跟你想的一样。我在这里生活宁静。我回忆起我生活中很少有几个阶段总是在相同的冷静和安宁中度过的。

你知道，兄弟！人不被任何事情击垮，是怎样的一种价值。你也有这种幸运。享受它吧！如果一个人一天仅有一个小时让自己的心灵自由地工作，让人能够操心最紧迫的高贵的需求，那就是很多，至少是充分，让自己在其余的时间得到增强并享受愉快。

兄弟！让你更好地自我提升，而无论如何不让它沉落，无论如何！我对此思考了很多，才知道，你的精神应取向何方。亲爱的，永葆善良，并尽可能经常地为此向我通报。关于我自己的工作我下次再告知。我现在手头有些文字，在它誊清之前我就不说了。

你能不能找到最新一期的席勒的《塔利亚》，或者埃瓦尔德的《乌拉尼亚》，或者《施瓦本之花》，寻找一下我的名字，并且想想我的！但是你能在那里找到的，通常都是最小的。我目前唯一的读物是康德的。这个美好的精神总是让我领悟更多。

我非常高兴亲爱的外祖母夫人在你们那里。向她致以一千次衷心的问候。她现在完全康复了吗？我的小外甥女长得这么勇敢，这对我也是一个真正快乐的消息。

我会给布劳博伊伦写信的。亲爱的母亲应封·卡尔布夫人的请求，正在等待樱桃酒，要等到今年的樱桃成熟，然后用罐子或者小箱子邮寄。我的弗里茨又完全健康了，总是给我很多快乐。我发现有这样一个好孩子不容易。

上帝保佑你们！你们亲爱的！

你们的

弗里茨

我的好友西梅尔在做什么呢？

我只能这样飞也似的写

致妹夫布罗英林　　　　（佛尔克斯豪森，圣灵降临节，1794年6月8日）

请您允许我，最尊贵的妹夫先生！向您通告我的消息。其实我早就该这样做，假如我并不总是希望，找到机会同您谈谈某些比我自己的更有趣的事情。

但是，因我孤单的状况，我只能把消息限制在我自己的存在，但在很多的回顾中，我发现这种孤单还是很有利的。

现在，这些消息对于我关心的朋友们是极好的。我现在一天比一天更觉得，那个事件对于我并非无足轻重，因为它把我置于一个狭小的圈子，我在其中生活。假如周围的环境没有太大变化，人更愿在自己的思想和观念中自得其乐。

总的来说我的生活不亚于隐居。您看到，我现在正处于一个小小的旅行中。整个宅邸被很多很多部分有趣、部分刻板的家庭拜访。当地的建筑形态是世界上最让人赏心悦目的，临近伦山，它把法兰肯和福尔德地区隔开。

我明天将去伦山和福尔德区做一次小的游览，为此我期望得到愉悦的几个小时。我必定能再一次完全独立地享受自我和世界。

因此我希望再次有效地做好自己的日常工作。我自己所忙碌的现在非常集中，部分地出于自由的爱好，部分地是因为我的时间受到某些限制。我把自己分为涉及科学的部分，专注于康德哲学和希腊哲学，有时也努力做一些出于自身的东西。遇到有利的机会，使我有可能在赫尔德的《博爱书简》[1]、席勒的《塔利亚》和埃瓦尔德的《乌拉尼亚》上发表一点我的最小的东西。我在这儿的社交大多数也很好。

但是你完全不用担心，我会为此努力尝试，不让到现在为止如此无足轻重的自我通报荒废我自己如此必要的文化。这在过去就微不足道，何况现在呢。

有时我盼望能有几天生活在自己的家人们中间。我亲爱的妹妹和您，最尊贵的妹夫先生！是我最强烈的念想，相比之下，我对布劳博伊伦的想念就没有那么经常了；在复活节前后我也多次地想念纽尔廷根和它亲爱的客人们。

我非常希望听到有关那个很有前途的小表弟的成长情况。我们在这里的宅邸有一个如此年幼的小天才，封·卡尔布先生的小女儿，她让我非常想念亲爱的克里斯蒂安。您的小宝贝现在已经给您带来很多快乐了吧。

最尊贵的妹夫先生，请您善意地把我一直保持的健康告知我的亲爱的母亲，因为我这一周，可能连下一周也不能写信。我希望，不久回到瓦尔特斯豪森，能收到亲爱的家人们的消息。请原谅，尊贵的妹夫先生！我只能这样飞也似的写，我决不能让自己做事磨磨蹭蹭。我希望下一次能好好地写。对布劳博伊伦的所有人致以很多的问候！向我亲爱的妹妹和小宝贝致以一千次的问

1. 赫尔德的《博爱书简》(Briefe zur Beförderung der Humanität)未刊载荷尔德林的作品。

候！永远是——

您的

忠诚的朋友和仆人

荷尔德林

思考要冷静，行动要带着火

致弟弟　　（瓦尔特斯豪森，1794 年 8 月 21 日）

我久已是你的欠债人，亲爱的弟弟！但是在我们用心签署的合同[1]中，并未写着我们应当说很多话，应当写很长很长的信，而是我们将成为男子汉，仅在这个条件下，我们才愿意互认为兄弟。在无休止的劳作中，人成熟为男子汉，在努力中，从肩负的责任中，即使它们并未带来快乐，即使它们似乎是微不足道的责任，但它们是责任，人成熟为男子汉；拒绝欲望，否定和克服我们存在的自私部分，它只能让我们舒服又安逸，在宁静的期待中迎来一个更大的活动范围的开启，并且确认，它也是一种伟大，要把它的力量限制于一个狭小的范围，而好的结果和更大的作用范围却未开启；在一种没有对人的弱点的愤怒，没有虚伪的奢华，没有虚假的伟大，不为臆想的凌辱所迷惑的宁静中，仅仅经由痛苦和快乐度过人的幸福和苦难，仅被自身的不完美的感受所中断，人成熟为男子汉；在不倦的努力中矫正和扩展自己的想象力，恪守不可动摇的生活准则，在评估一切可能的主张和处理方式中，在评估它们的合法性和合理性时不承认任何权威，而是自

1. 1793 年 9 月上半月荷尔德林在致弟弟卡尔的信中写道，“假如你愿意做我的朋友，为那个目标而结成同盟，我们的心从现在起就更坚定，不可分离，紧密无间地联合起来。”

身检验，在神圣的不可动摇的生活准则下，他的良知决不被自身的或异己的后哲学，被漆黑的启示、高深的愚昧所诱惑，它如此多地以偏见的名义损害神圣的责任，又如此少地被傻瓜和歹徒所愚弄，他们企图在思想自由和自由的欺骗下，羞辱或者嘲笑一个思考的精神，一个存在，他感觉到作为人类的一分子所拥有的尊严和权利，在所有这一切之下，以及其他等等之下，人成熟为男子汉。我们必须对自己提出最高的要求，我的贴心的弟弟！难道我们要像精神贫乏者那样，在他们渺小的价值的意识中自得其乐？相信我，我有卓绝的勇气思考能够创造下个世纪的愿望，而那些残疾者、心胸狭隘者、粗野者、擅为者、无知者、懒散的年轻人，他们到处都有，人数众多，当然会扮演他们的角色。那些仍是例外的少数人则振奋精神并相互支持。不仅如此！值此紧要关头，人要对自己说：有智慧，不空谈，过去即是如此，如果你肯定，就能无目的地达到。决不牺牲你智慧的良知。但要有智慧。有一句金子般的格言[1]：不要把你们的珍珠丢在猪前。你做事，永远不要在热情高涨中做。思考要冷静，行动要带着火！——我肯定，你跟我在此是一致的，兄弟必须这样互相交谈。附上的信是少校夫人给我们亲爱的母亲的。这是一个证明，人所尽职责如此稀少，在教育方面，如果一个教育者总体上按照信念和良知行事，但在他所犯的上千个错误方面，他仍被认为是稀少的。

上星期一我去攀登了格莱希山，从隆希尔德穿过宽广的平原要花费一个小时。向东我有费希特尔山脉（在法兰肯和波西米亚

1. 见《圣经 · 马太福音 7:6》。

的边界上），向西有伦山，在法兰肯和黑森的边界，向北是图林根的森林，它构成法兰肯和图林根的边界，向着我的可爱的施瓦本，在西南方向，斯泰格尔森林延伸到地平线的尽头。所以，我最好学习两个半球的地理，假如能行！多多地给我写你的工作，写亲爱的母亲的忧愁的和快乐的日子，还有我们所有尊贵者的情况，写我的熟人，写 H. B. G.[1] 等等。简言之，所有你认识的，多多少少还能对我感兴趣的人。借所有的机会衷心地问候我！——

罗伯斯庇尔的头必定被砍掉了，我看是合理的，也许会有好的结果。让那两位天使，人性与和平到来，人类的事业必将蓬勃发展！阿门。

你的

弗里茨

1. H.，西梅尔（Hiemer），B.，比尔芬格尔（Bilfinger），G.，不详。

我们必须径直穿过漫漫长夜

致母亲　　（耶拿，1794 年 11 月 17 日）

最亲爱的母亲，我现在这儿，听课程[1]，拜访席勒，有时也去一个公众的圈子，其余时间在家埋头各种工作。一天的一半我必须奉献给我的小学生，当然是以非常不喜欢的方式度过，我在这儿通过各种方式确定自己的工作，这些在瓦尔特斯豪森是不存在的。从法兰肯到这儿的旅行我不得不搭乘邮车，这让我愤懑，也让我不可能去探访富利玛尔，它就在歌塔的边上。但是我听一个与我同乘、从那里来的牧师说，他虽然本人不在富利玛尔，但认识附近村里的人，他们称自己姓海英。我很肯定回程要步行，并且确定无论如何要经过富利玛尔。有关我的旅行我没有什么可对您说的，除了施马尔卡尔登，一座黑森的城市，并不比一座现代形制的城市小，此外还有非同寻常的工业；它有一种皇家的气象，在图林根森林的高处可以俯瞰，在它的背后有很大一部分是法兰肯的，山岭绵延，森林茂密，在它们前面有萨克森的大平原，而在黑暗的远方是哈尔茨山脉。在图林根森林的峡谷中生活着快乐的人们，他们与我们黑森林的人一样，也富有、直率和健康，有

1. 荷尔德林利用空余时间到耶拿大学旁听哲学家费希特的课程。

人可能会羡慕他们，假如人们不能想到，在开化的生活的痛苦之下，人们能要求的，能利用的更多。我们必须径直穿过漫漫长夜，并乐于有助且有效之事。歌塔是个风光旖旎的地方，但是只有少数幸运的居民在那里。我不想冤枉任何人，而是愿意坦承，我的判断仅是粗浅的和特别靠不住的。埃尔福特幅员辽阔，可是人烟稀少。神父助理封·达尔贝格是这个地区的灵魂；否则他就宁愿那么没头没脑；他通过在这里人们常见的很多漂亮脸蛋而引人注目。关于魏玛我没什么可给您说的，等到有一天我在那里待过，并且希望有更多见闻和获得，而不是走马观花。在这里我住在近郊的一个花园里，有几个漂亮的房间，好的膳食（在耶拿人们称为好的膳食），有利条件是，我的房东是一个书商，有一个很大的阅览室，从那里我不几天就能得到第一手的最新的书。但是由于我的工作，我大部分时间只能在用餐和餐后利用。费希特的新哲学让我现在很忙碌，我只听他的课，没有听别人的。席勒对我十分友好。保卢斯对我也十分礼貌。我还没有到他家里去过；最好是到教授们那里去，虽然对他们还不是很了解，但探寻他们的社交，也就是他们在公共圈子的时间，就足够了。人们在那里都是以特别协调的气氛生活，尤其是在男人这方面，因为我用自己的眼睛和听闻认识太多的女士，她们有某种丝毫不亚于优雅的彬彬有礼，并有某种与庄重无异的矜持。假如并非必要，我极少拜访这种圈子。我有时候与赫斯勒在一起。耶拿这个地方真的很迷人……

我的地址：福格蒂花园————收。

我将更加勤奋并保持力量，赢得成功

致母亲　　（耶拿，1795 年 1 月 16 日）

您不要惊讶，亲爱的母亲！可能根据我上一封信，您猜我已在纽伦堡，可我又在这儿写信了。

我想，假如我更详细地说明，这种惊讶可能让您很不愉快。

我在这里膳食自理，但我不需要以任何方式给您添加负担。——我曾因很充分的理由对您完全敞开肺腑地谈论我迄今的状况。我认为，那些困难，内心的痛苦，是我人生历程中最不同寻常的，要通过坚忍不拔的和有条件的努力来克服，而不要设想，这一步最终是必须的，对此我不能完美地避免，对那些我迄今缄默不语的事情，要对您说，我必须仔细斟酌，把我遭遇的变故都告诉您。我的学生在天赋上很平常，却极度地无知，自我对他的教育伊始，就很不愉快，但是没有任何理由不以所有的严肃性对他进行教育，我这样做，上帝是我的证人，还有他父母的认可，据我最好的理解，是完全认真的。

但是我痛苦地发现，对所有我试图用来调整他肆意秉性的理性教育，他完全麻木且无动于衷，他既没有说过一个尊重的词语，对善良也没有表现友好的依赖。我试图探讨在严厉惩戒下的这种几乎顽冥不化的原因，这种惩戒在我到来之前对他使用到极致。常常似乎是，我把他从睡梦中唤醒，他显得开朗，理解，他身上也没有再出现野性的迹象，从他的认知，那些天他取得了难以置信的快速进步。我受宠若惊，似乎我在这个孩子的教育上创造了奇迹。瓦尔特斯豪森那位我尊敬的神父紧紧握住我的手，向我承认，他也对这个孩子试了各种办法，也对他绝望，并且因为我他感到惭愧，村里和屋子里的未受过教育的人们都觉得，这个孩子的幸运的变化出现了。这让我高兴并信心十足。但与此同时，他很快地并且不可预测地返回到木讷和愚钝的状态。他的父亲当然对我有巨大的关照，对这个孩子身上有时显现的不道德迹象，他要我密切关注。他的性情和精神状况最终让我更加专注这一方面，可惜！部分地因为他的坦承，我发现的多于我害怕的。我不可能更清晰地向您解释。我几乎一刻也不让他离开身边，恐惧地日夜监管着他，他的躯体像他的心灵一样似乎得以复原，我重又有了希望。但他知道我的注意力最终会分散，而他的不道德的后果，那种顽冥不化在夏天结束时上升到一种几乎把我的健康、我所有的热情，以及属于我的精神力量的活动全部被剥夺了。我使用了所有的办法，想有所帮助，都徒劳！我多次开诚布公地解释我所有失败的努力，请求建议，请求援助，人们安慰我，请我尽可能长久地坚持。为了多少补偿我这么多失败的痛苦的时间，也是为了让这个孩子分散一下，并用舞蹈课程等使他有更多的运动，人们把我们送到了耶拿。通过带感情色彩的努力，几乎是持久的夜间唤醒，以及最紧迫的请求和劝告，和通过适度的严厉，我成功地让这个恶魔在一段时间很少发作，这样，重又在道德和科学教育上取得显著的进步。但是这种保持并不长久，要让这孩子变得诚实，并且帮助他，这种完全的不可能最严重地损害了我的健康和感情。夜间可怕的醒来让我神魂颠倒，让我几乎没有能力白天工作。在此期间少校夫人来过。这位高贵的女士为她的孩子殚精竭虑，也为我受苦。席勒和她请求我，仅仅再做一次尝试。少校也努力安慰我和他自己，写信给我，要我只要能够，就尽量坚持。我们去魏玛旅行，在那里，附着在这个孩子身上的恶魔每天尽管有医生的努力，和我坚持不懈的耗费精力，我的健康、我的勇气、我的热情，每天在减弱，少校夫人不得不向我说明，她不能再看着我忍受下去，她不想让我毫无用处一走了之，她建议我，在这儿，尽可能长久地把我留下，允诺我，为她全部的影响投入我未来的幸福，并且提供我用于四分之一年的钱。鉴于我受到限制的生活方式，有七个卡罗林到复活节已经足够了。席勒十分真诚地接待我。如果我手头已经做了几年的一件作品[1]到复活节能够完成，那我就不会增加您的负担了。我现在正在一个对我将来的全部生活显然至关重要的时期。我在魏玛拜访过一次的赫尔德也对我很感兴趣，就像少校夫人给我的信中说的那样，要我说，我会经常到魏玛来拜访他。这将会非常经常地发生；在分别时，我必须为此向少校夫人保证；她将会留在魏玛，仅仅为她的儿子接受了一个家教[2]。只要她留在魏玛，对她来说一个家庭教师并非迫切需要。她以后会给您写信。我还跟伟大的歌德谈了此事。与这样的人物交往使所有的力量化为行动。——我现在的计划是，在这儿一直到秋天继续听一些课，也用自己的工

1. 荷尔德林的书信体抒情小说《许佩里翁或希腊的隐士》。
2. 家教（Hauslehrer），为有别于家庭教师（Hofmeister），此处将 Hauslehrer 译成“家教”。

作营养躯体和心灵，然后或是在这儿阅读一门课，或者在瑞士找一个新的家庭教师的职位，否则就自己到处看看，也或者作为旅伴和一个青年人去旅行。当然，这一切并不完全取决于我。倘若它们全都依我而定，我将努力通过勤奋和保持力量来赢得成功，至于其他方面，我希望有好的命运和好的人。您通过善良地分担我的命运，为我保持力量！最亲爱的母亲，不要让您毫无缘由的担忧干扰您对我怀有的那些希望，因为一个母亲很难不对她的儿子怀有希望！您赐予我不受干扰地使用我的力量，这将是我自年少青春以来，现在第一次分担！您相信吗？我并非出于幼稚的动机俭省我的饮食，我每天只吃一餐，我现在宁可要一个丰盛的餐桌，甚至我的故乡的炉灶。为此我觉得现在我的体内有了新的力量和新的勇气！唯此，善良的上帝！为此我欲赢得，我的母亲能从心底说，为他费心，为他担忧，全是徒劳！——您生活幸福！您向所有亲爱的家人们致以问候！我还会更经常地写信。我现在不安定的状况几乎让我无法写。您尽可能快地给我写。我非常盼望能收到您的信。您赐予我这样发自内心的快乐，我于是就有了。您生活幸福。

您的

弗里茨

我来这里之前，新衣服已准备好。为住宿，我在复活节前要付 5 个塔勒。伙食每周花费 14 个格罗申[1]。一罐啤酒每天 3 个克洛泽，早餐大约 6 个克洛泽。我的住处挨着费希特的房子，这样您可以把我未知的住处写这个地址。

1. 格罗申（Groschen），当时在奥地利和德国使用的一种硬币，币值相当于 10 芬尼。

您的心，我将作为永恒的典范

致母亲 （耶拿，1795年2月22日）

最亲爱的母亲：

您收下我对您珍贵和永远不变的善良发自内心的感激。我人生中最美好的时刻是您的上一封信给予的。您的心，我将作为永恒的典范，任何时候都不会认错的，它对我是最高贵的奖赏，假如有一天，我能用值得呵护的丰硕成果让这颗心高兴。我相信您一定会因为我前一封信中那些未经深思熟虑的表达感到不愉快了，请您原谅，体谅我那时候受到压抑的状况。请您相信，最亲爱的母亲！从多方面看最好的是，我没有应少校夫人的请求留下来，那几乎就是要发生的。即使是当前的状况也让您愿意我继续保持我的状态，那恰好说明，我的改变是正确的，即使我对现在的向往并不更有利。……席勒对我如此真诚，就像父亲一样，我最近必须对这位伟人承认，我不知道我是如何挣得他对我如此关心的。他出版了一本新的刊物，与别人合作，要加入其中，我若没有极大的傲慢，不可能认为自己有那个资格。为那个印张要向他支付5个金路易。最近他问我，我在当地过得怎么样？我说，我收到了您的一封十分友好的信，让我希望，我最好能一直待到秋天。于是他对我说："我们必须想办法，如何能尽可能少地增加您的家庭的负担。”他又说了些平常的话语，最后对我说，我是否愿意创作一些诸如此类的东西用于他的《时序》杂志，占四个印张我可以舒舒服服地过半年。现在问题在于，我是否能交出某些真正有用的稿件，如果这样我到下半年结束时就有一笔可观的收入，可能更早一些。我现在手头的作品[1]写得很顺利。假如他接受它，那真的是极大的欢喜。但我必须怀疑，因为它厚达两卷，他不愿意接受一个不完整的，也因此不可能接受整部作品，因为在他上一期的杂志里，由于他稍有点不精确，刊印了一个断片，于是他的作品的一部分不得不做第二次处理。此外，我应他的要求，将在复活节后呈交完成的作品第一卷。我因此已经让一位朋友在一家出版社做了咨询，在什么条件下它愿意接受手稿。我提出条件，在手稿被接受后就付给我稿酬，而不是等书被印出，因为那样我至少要到下半年末才能拿到钱；我等待尽快的答复。我也愿意接受在哥本哈根的司法顾问布隆家里担任一个新的家庭教师职位，在那里我可以去意大利和瑞士旅行，如果这里有人向我提出建议，而没有别人抢在我前面的话，而您，最亲爱的母亲，认为那很好。无论如何我向您保证，我根本不会拒绝有利的家庭教师职位。我在耶拿能够实现的愿望[2]，我不会因为暂时的距离而放弃，即使这个愿望并非完全出自我的内心。我也非常希望能返回到我的祖国，在一辆邮车上，我的大自然是不会让我失望的。——哦，我的母亲！您问我，我是否还爱您，假如您能看见我的心里！我肯定，我将保持对您的真诚的依恋，只要我还爱着善良。

1. 荷尔德林这段时间正在创作《许佩里翁的青年时代》，但直到1797年才在《时序》上发表。
2. 荷尔德林希望席勒帮助他在耶拿大学谋取一个讲师的教职，但席勒对此没有回应。

我想到了这么多爱的夜晚，当我放下工作休息：现在坐在你的亲人们的桌边吧！这金色的重逢！——您问我，从耶拿到纽伦堡有多远，还有从瓦尔特斯豪森，从魏玛到耶拿。从纽伦堡到耶拿足足有 60 个小时的路程，从瓦尔特斯豪森 30 个小时，到魏玛要 4 个小时。下个星期，如果没有什么阻止我，我真的要步行去！这段时间天气阻碍我。上帝保佑我现在很健康，我长时间没有这样了。天冷的时候我总是穿得很好，为的是不用太多的木柴。木柴在这里很昂贵，大部分用冷杉木。现在我们有晴朗的日子。我手头的现金足够用到复活节之后。假如我到那时不能从书商那里拿到钱，那我将请求最亲爱的母亲，假如您不是特别不合适的话，寄给我 7 到 10 个卡罗林。我同样给予您我的誓言，我以后绝不再向您讨要一个赫勒，因为我将它视为责任，我将彻底地不再收钱，不要您的担保，我将把它视为将来从您那里所得之物的一部分；我也向您保证，一旦复活节之后我能期望从书商那里得到钱，我立刻写信告诉您，那时候我就不再需要向您伸手要钱，我也不再有那么多的恳求，假如我不再要为致亲人们的一个小邮件付钱。

我知道一个相当好的途径，您能够不用邮费给我寄钱。我下次写信告诉您。您尽快再给我写信，最亲爱的母亲！每次收到您的来信，我总是像过节日一样。一千遍地感谢亲爱的卡尔的新年祝福。如果他有时候想要在您给我的信上写上一句话，那使我快乐。您下次写信时也写上我的亲爱的莉克的一些要紧的事。您相信吗？她对于我，仍然是那么好，像从前一样。亲爱的外祖母夫人还和您在一起吗？我很希望是。一千遍地祝福她，还有其他的亲爱的人，还有我在纽尔廷根的朋友们。——孙德尔芬根的卡梅勒尔住在我的对面，我们有时晚上在一起坐一会儿。——我在席勒的《塔利亚》上的一点小作品让我得到了一些友好的祝贺，还有一些盛情的邀请。一个完全陌生的人询问我的名字，并请图书制作者去喝咖啡，总是让我感到高兴，我也让自己闻到咖啡的香味。您对此不要太苛求，最亲爱的母亲！我为此仅对您说，我过得还好。但是我不能放弃我的隐居生活，也不想放弃。现在我向您唠叨得够多了。您生活幸福！总是把我留在您的友好的记忆中，最亲爱的母亲！永远是——

您的

懂得感恩的儿子

荷尔德林

附上封·卡尔布夫人给母亲的信。

我们生活是为了爱和慈善

致母亲 （耶拿，1795 年 3 月 12 日）

这违背了我的心愿，最亲爱的母亲！似乎我是完全被迫要把这封信缩短；但是对我来说同样难的是，不对您金子般的亲爱的来信做同样的回复，而我写信的时间又如此之少。您为我操心，尊贵的母亲！我却丝毫不费心为您创造甜美的日子，您和您的善良真的是唯一的！我的第一个心愿，就是能够报答您的善良。我能做到吗？我已经为此庄严地宣誓，从现在起，要不倦地向着纯粹的善良和真诚进步，在这个进步中我肯定是助力之一。您了解这个。我坚定而严肃的信仰就像您的一样，是精神和自然的天父，诚实的努力不会拒绝他的帮助。当我们向前执着努力和搏斗，一个神圣的动力在我们内心深处驱动我们，于是我们实现了一切！抵抗是永恒智慧的工具，把我们在善良中锤炼得坚定和强大。我去拜访席勒，他一如既往友好和真正父亲般的善意对待我，给予我更多的乐趣和坚强，比任何别的社交都多。他以我的名义给蒂宾根的科塔写信，问他的出版社是否愿意把我的小作品[1]收下，我一直在等待答复。我习惯的生活方式也让我很满足。我发现，人在受到限制的条件下也能很快

1. 荷尔德林的抒情小说《许佩里翁的青年时代》。

乐。我也能向您保证，最亲爱的母亲！我在工作时总在努力做到，为其余的日子保持足够的力量和愉快的心情。我也不热情澎湃地幻想，我能在这里定居。您相信，最亲爱的母亲！假如我不得不选择一个地方，在那里消磨我未来生活的大部分，而没有您的扶持，远离我别的亲人们，那将是我的一场大战。正如我的卡尔所写的，我们生活并不是为了引人注目，我们生活是为了积德行善。——那封信让我多么高兴！我的兄弟是一个高贵的人。哦，我的母亲！假如您一无所有，只有这个心灵纯洁、努力奋斗的青年是您的儿子，您比一千个人更富有。再见到他，对我的心将是一个节日！我必须多给他写信。我是他长久的责任人。您将会允许，我的下一封信将写给他。我也要给我亲爱的莉克写信。当我今天收到所有真诚的信时，是我最美好的一天之一！我的妹妹以真诚的善意建议我，把我留在亲爱的祖国。我不会永远地漂泊在外。——席勒是否已经接受了任命，还是没有，我并不知道。他自己解释得并不清楚，我也不能直截了当地问，但是我看很明显，他将留在这儿，因为他刚刚给自己租了房子。——如果我接受一个家庭教师的职位，那必须是一个很有利的职位。尼特哈默尔也是，当他在耶拿居住时，有一段长时间在歌塔当家庭教师，他回来时，得到了更好的待遇。

生活幸福，最好的母亲！一千次的问候和敬意致以所有的人！永远是——

您的

顺从的儿子

弗里茨

人的内心有一种对无限的追求

致弟弟　　（耶拿，1795 年 4 月 13 日）

我早已是你的欠债人，亲爱的弟弟。但是你用你兄弟纯洁之心的丰富的表达带给我的快乐，无论如何也不能用言辞回报。我还不知道，我应该如何回报尊贵的家人们给予我的这么多的爱。

我们尊贵的母亲的善良让我始终羞愧难当。假如她不是我们的母亲，没有把这个善良恩泽予我，我也必须永远地高兴，因为世界上有这样一颗心灵。哦，我的卡尔！我们的责任如何能使我们轻轻松松！假如这样一位母亲不是这样永无止境地坚强地参与我们精神的成长，我们的体内将没有一颗人之心。——我相信你走在正确的道路上，亲爱的兄弟！在你的心中，无私的责任感，你的精神在其他高贵精神的帮助下发展，他们的文字是你的朋友，你的心之感觉成为纯粹思考的、坚定不移的准则，思想不能杀死它，却被思想保护，因思想而坚强。基于此责任思想，即基于此准则[1]：人应当始终这样作为，他指导行动的思想观念应当能够适用于一切人的法则，他应当这样作为，仅仅因为他应当，仅仅因为他的存在的神圣的、不可改变的法则（每个人都会发现，人

1. 准则（Grundsatz），康德的无条件绝对："始终以这样的方式行事，你的意志的准则同时可以适用于作为普遍的立法的原则。"

以没有偏见的眼光审视自己的良知，审视经单个的作为所表达的对每一个法则的感觉），也就是，基于我们道德的那个神圣法则之上，人构建他的权利的评判；不断接近那个神圣的法则是你的终极目标，是你所有努力的目标，你的这个目标与人的一切是共同的；现在为实现那个最高目标，手段是必要的，为永无终结地完善你的道德所做的一切都是必不可少的，对此你有权利。为此，最必不可少的当然是意志的自由（如果我们不想要那种善良，我们如何能做到善良？凡是出于强迫的，都不是一种好的意志的行为，即在自己的心愿中是不好的，可能是出于有用，而非善良，可能合法，但并非道德使然）。因此，你的力量决不能以任何方式受到限制，如果你经常这样限制你的力量，或者不让它们产生出来，如此经常地声称你的权利，无论是用言辞还是用行动，那或多或少不符合你的使命，你的力量也不会产生。当然，在这个意义上，每个人都有相同的权利；没有人，无论想成为什么人，只要他仅仅还是个人，以一种方式使用他的力量[1]或是力量的产生将会引发争议，或多或少地阻止他接近他的目标，即最大可能性的道德。

但是因为这个目标在地球上是不可能的，因为它不可能在时间中实现，因此我们只能在一种无限的进步中才能接近它，因此，对一种无限延续[2]的信仰是必要的，因此，善良的有限的进步

1. 使用他的力量（Gebrauch seiner Kräfte），参照荷尔德林 1795 年 1 月 16 日致母亲的信，“您赐予我不受干扰地使用我的力量”。

2. 无限延续（unendliche Fortdauer），指灵魂的不朽。谢林在《论自我》中有相似的语言惯用法：“趋向终极目的（相比有限自我的）只发生无限地接近——由此，自我的无限延续，不朽。”荷尔德林于 1795 年 9 月 4 日在给席勒的信中说，“但是理论上通过一种无限的接近是可能的，如正方形趋近于圆，并且，为实现一个思考的体系，一种不朽确是必要的”。

是我们法则的[1]无可争辩的要求，但是，这种有限延续，如果没有对自然之主的信仰是不可想象的，其意志想要知晓道德法则如何在我们中发号施令，其必然还想要我们有限的延续，因为他想要知晓我们善良的有限进步，作为自然之主，他也有权力真正做其所欲做。当然，这是从人的角度谈论他，因为意志和有限性的行为是同一的。因此，对上帝和不朽的理性的信仰，以及对我们命运的智慧的驾驭的信仰，建立在我们心中神圣的法则之上，就此而言，它们不依赖于我们。因此，最高的目标必定是最高可能性的道德，所以我们必须非常必要接受这个目标作为最高的目标，所以我们的如下的信仰是必要的，只要我们的意志的力量不足，它们就会随心所欲，但是仍然与那个神圣的智慧存在的目标共同作用，它有力量在我们的力量不足的地方设立那个目标。我看，我还有一些要说的，但是我要中断一下，因为我喜欢用较少的话语向你通报费希特哲学的主要特点。“在人的内心有一种对无限的追求，这种活动让他几乎不能永久地受到限制，几乎不能停息，而总是努力变得更加开阔，更加自由，更加独立，这使向着无限的活动的欲望受到限制；这种向着无限的不受限制的活动在于一个存在的本性中，其有意识（正如费希特表达的，一个自我），是必须的，但是，对于这个有意识存在的活动的限制，也是必须的，因为假如这种活动不受限制，没有欠缺，那么这个活动将是一切，在其之外即是无，我们的活动不遭受外来的对抗，那么我们之外即是无，我们一无所知，我们没有意识；我们与无相对，

1. 我们法则的（unsers Gesetzes），可能是“我们精神的（unsers Geistes）”的笔误。

因此对于我们没有相对；因此限制如此必要，对抗与被对抗引发意识的痛苦，因此，向着无限的追求，在存在中向着无边界的活动的欲望是必须的，因为如果我们不追求，不向着无限，摆脱一切限制，那么我们感觉到无，它与这种追求相对，于是我们再次感觉到我们之中无任何区分，我们知道无，我们无意识。”[1]——我心中对此已如此清晰，仿佛一切对我总是可能的，简言之，我对此必须要说。从今冬开始，到我投入学习，这件事让我有时候有一点点头疼，更有甚者，我通过学习康德哲学，已经习惯于审视我以前接受的东西。——尼特哈默尔也请我共同编辑他的哲学杂志[2]，这样，这个夏天我将有一大堆小作品在面前。我已给你写过我的小作品[3]，在席勒的推动下，蒂宾根的科塔出版社已经接受；他会付给我多少稿酬，应当进行商定，如果科塔到这儿来，席勒将会跟他商定，大约在 14 天里将会有结果。我希望，我们亲爱的好母亲不应当这么容易遭遇艰难。我以心中全部的感谢谢谢她寄来东西；我永远不会忘记，在我现在的状况下以这样的善良支持我。

席勒将会留在这儿。下个秋天，如果我还在这儿，显然将要进行一次考试[4]。那是给予我准许开设讲座的唯一的条件。我并不想要谋取教授的头衔，教授的薪水可观，仅很少的人可得。很多

1. 引号中的文字可能抄写自讲座笔记。费希特的《全部科学学说的基础》第三部分最早在 1795 年复活节刊印。荷尔德林的这一观念也反映在他的韵律版《许佩里翁》和《许佩里翁的青年时代》开头部分。

2. 哲学杂志（Philosophischen Journale），该杂志全称为《德国学者协会哲学期刊》（Philosiphischen Journale einer Gesellschaft Teutscher Gelehrten），由尼特哈默尔主编，自 1795 年 3 月起出版。从 1797 年起费希特开始作为共同主编。荷尔德林的合作未见实现。

3. 我的小作品（Mein Werkchen），可能指的是书信体抒情小说《许佩里翁》，该小说的计划在 1795 年 5 月末起草。

4. 显然为此目的，荷尔德林于 1795 年 5 月 15 日在耶拿大学注册入学。

人是根本没有的。——我还有一些有关我的一次兴趣旅行的事要告诉你，因为整个冬天一直坐着不动，我非常需要运动，我手头还有几个法国塔勒。但是我要省下来给我的亲爱的莉克写一封信。——那件允诺的漂亮的马甲我要以最大的感谢来收下。如果我承认，我现在箱子里还有未经处理的马甲，那是我在瓦尔斯豪森带来的一件礼物，而我现在非常需要的是长裤，可能亲爱的母亲不会觉得不好吧。我有点儿轻率，不是吗，亲爱的？我下周三必须给亲爱的莉克写信，今天时间已经来不及了。

生活幸福，一千次地衷心祝愿所有的人。

人在远方会非常想念故乡

致妹妹 （耶拿，1795 年 4 月 20 日）

亲爱的妹妹：

我衷心地感谢你的同情，感谢你一直以来的思念。你会愿意相信我，人在远方会非常想念故乡，就像我一样，因为这么多的爱和善良，故乡是不可缺少的。这么长时间远离在外，我也很难战胜自己，有时候，一声问候和一封信也不足以补偿。我过得还很好，我相信，我在这里居住，无论如何不是没有一点用处。如果这种居住毫无目的，那是我的过错。——这个冬天我过得十分艰难，我相信，我的力量需要重新恢复生气，我通过一次去往德绍、哈勒和莱比锡的短途徒步旅行实现了。人用几个塔勒和一双健康的脚不可能比我在这次旅行中做得更多。那些地方尽管都很平坦，大部分是沙地，与我们的祖国相比极不丰饶，但是我在去往哈勒的路上经过洛斯巴赫的战场，却觉得它很奇怪，我还经过了吕岑的战场，那是伟大的古斯塔夫·阿道夫陨落的地方——当我站在那块寒酸的岩石旁，我奇怪地爆发了勇气，人们就用它来纪念他！——德绍那个地方，侯爵[1]到处都建造了格调高雅的设

1. 侯爵（Fürst），德国安哈尔特 - 德绍的弗朗茨侯爵。

施，把那里装点得美轮美奂。

在哈勒，那所孤儿和教养院[1]是最让我关注的。它简朴的外表让我高兴。对于掌管着这里的教养的精神，我作为观赏者，仅限于通过公开的审视孤儿和别的孩子的状况来进行评判。

这里占主导的大部分是教养者[2]的幼小的、玩耍的、古板的以及甚至孩子气的方式，有一会儿会闹出很大的噪声。当然，很难对一个在启蒙和行动中的孩子像对一个成人那样一本正经地表达，也不能指望把他教养成一个高贵气质的人，而非自私、拘谨和害羞的弱者，也就是具有纯粹的理解力，严格的但正义的要求，但是对此不要忘记，人这样做是对一个孩子，但如果在次要方面，用过于幼稚的方式使孩子羞怯，也是很糟的，向孩子灌输小的概念，结果孩子不能理解欢庆般夸张的词语，而把没有思想的要求当作世界的拯救一样重要来接受。

我在德绍第一次参观了新的大教堂，它耸立着，真正展现出相当多的理念上的人性和美丽。紧靠宏伟的门廊，其上是教堂的圆顶，上面耸立着希望——一尊动人的、几乎完全精雕细琢的雕像——倚靠在它的支撑上，在入口的两侧，是两个青年，手持熄灭的火把，在壁龛中站立——这让我有难得的快乐。然后人向前走上一条林荫大道，在树荫下，草丛中，两边排列着墓地，紧靠着周围的墙是坟墓，里面容纳着某个人，已经被白色大理石板覆盖，通过简单、动情的文字，它们大部分可与我们哥特式的墓碑

1. 孤儿和教养院（Waisen-u. Erziehungshaus），由奥·法兰克（1663—1727）建立，以虔信教精神管理。

2. 教养者（Pädagogen），由约翰·巴泽多创建的慈善方法。

区分开来。我对现在德绍的学校建筑物很感兴趣，因为它是侯爵为这个用途而修建的，他的儿子住在旁边的宅邸里，在宫殿的旁边，它显得十分委屈。可城市是美丽的。

我在露伊泽和沃里茨的园林[1]消磨了美好的一天，我将在下一封信里给你描写，因为我又一次因为讨厌的习惯很晚才开始写。

在莱比锡我饶有兴致地结识了海登莱希教授和书商格兴。两个人都对我十分热情；什么也不能与莱比锡人的良好习惯相提并论，我刚刚才注意到这一点。

我的整个旅行花了7天，现在觉得，它让我很健康并且有好处。

我非常愿意拿一次旅行跟在你和我的亲爱的妹夫先生身边相交换，亲爱的！我要向他致意并用一封无限长的形而上学的信吓唬他。假如你也能赐予我，让我在复活节与你和你的亲爱的客人们一起快乐。一千次祝愿致以我们亲爱的母亲！假如我能如此源源不断从她那体验到这么多的善良；无论如何，我仍然熟悉的，我的问候！向那位费芙森致以我最衷心的感谢，为她善意的问候。——向你的亲爱的小家伙我致以所有最好的祝愿！生活幸福，亲爱的妹妹！这封信可别让任何人看。这个夏天我肯定会更经常地给你写信，并如上帝所愿，下个秋天我们至少有几天相见；我深信，我能花很少一点点走得很远。

1. 园林（Gärten），园林理论家格罗曼把沃里茨园林称为“描绘了自然最高的美和相得益彰的典范”。露伊泽园林于是被奉为德国园林艺术的典范，努力把“一种风景培育成心灵和感情兴致盎然之所”。

你的

弗里茨

我的住址改了，现在住在一个非常舒适、俯瞰城市的花园房子里。但是地址写：————西林家的[1]布吕肯托尔。

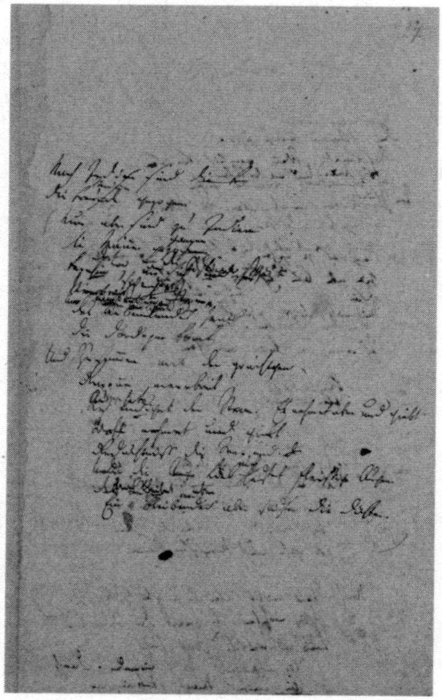

诗《怀念》的手稿

1. 此处的空白系被划掉，地址可能是：耶拿，斯泰因路 21 号，面包师西林家。花园房子可能在萨勒河对岸的豪斯山上，现已不能确定。

人要学会尊重故乡

致母亲 （耶拿，1795年5月22日）

我今天感觉很强烈，最亲爱的母亲！就像您慈爱的信成了我的急需。我不知道，自从我再也没看到您的亲笔，是否仅这一次时间对我来说非同寻常地长，或者，是否您真的让我比以往更长久地等待；我总是安慰自己已有一个星期了，我担心，您是否健康，我的上一封信里的什么是否让您误解，我还希望，我今天肯定能收到您的信。可我希望的不止这些。请原谅，最亲爱的母亲！我对您说了这些。我确切地知道，对您的信，我再也不会这么长久地保持沉默，那在过去是常事。我把它当作一种惩罚。——是去布劳博伊伦的旅行阻碍您了吗？假如仅仅是这个原因！

自从我上次给您消息以来，我的生活还像过去一样，自从我到这儿，我满足于我的隐居，有时候也很快乐，因为我相信，我能顺利地从事我的工作。可是人总是很快又发现，有时候就像小学生一样，人这次发现，人通过劳作将会有获取，这当然是好的。自从我能适应当地的生活方式，我比以前健康了。

现在一件主要的事！——本周有个法兰克福人向我提供了一个家庭教师职位，一个当地的学生在那里逗留期间让他知晓了我，他是在那里度假。这个法兰克福人受一个荷兰商人的委托，为他找一个家庭教师，他住在奥芬巴赫，离法兰克福一个小时路程。这个法兰克福人赞美了那个商人的住宅，写道，有四个儿子要授课和看管，前一个教师得到了一千个盾的收入，将来的教师收入也不会少，有所有的自由，一种懂得尊重的行为考虑在内。人在此期间仅向我询问，我是否有意承担这个职位，以便能与有关的确定的条件相一致。鉴于这件事是有退路的，而我又必须在昨天作出答复，我于是回答可以，现在在等更确定的消息，但是最好是根据您的决定。这个夏天我完全可以在这里舒适地生活，不用您的负担，因为蒂宾根的科塔将在九月为一份无足轻重的手稿[1]支付给我100个弗洛林，他收下我的手稿用于出版，但是那是不是下个冬天的事，我现在还不能说，因为我对我的作品的成果还不能判断。我为自己打开一个有利的前景，就像这样一个一千个盾的家庭教师职位，这样我可以腾出手来，把那样东西抓住。最亲爱的母亲！您充满善意地尽快就此给我写信，不要考虑您能给我设定的任何一种前提。我能向您保证，我唯一有兴趣选择这个更聪明的。我亦如此经常地确信，我如何有益地遵循您做母亲的忠告。我不愿意它在这件事上情谊缺失。——因此，您也不要为此生气，最亲爱的母亲，假如我在路上路过家乡。绕道是非常远的。我每天走8个小时；就像我已经学会的那样，克勤克俭；几天的旅程对于重逢的快乐是值得的。我已经上千次地梦见您的款待！人在外国学习到很多很多，最亲爱的母亲！人学会尊重故

1. 经席勒的介绍，蒂宾根的科塔出版社接受了荷尔德林的《许佩里翁》的手稿。

乡。我像一个孩子一样常常谈论我家的朋友[1]，就像我的母亲和外祖母常常对我做的那样——还有我的弟弟妹妹。一千遍地衷心地问候亲爱的人们。您尽快写信。我总是想，我将在下周一开始就收到您的信，也许其中就包含着您对我改变现状的意见。

永远是您的

弗里茨

1. 我家的朋友（Freunde von meinem Hause），辛克莱（Isaak von Sinclair,1775—1815），德国作家、外交家。

我从所爱的人心中得到的，在哪里也找不到

致母亲　　（法兰克福，1795 年 12 月末）

最亲爱的母亲：

就我现在的情况，我还没有什么可对您说的。我的快乐的抵达能让您放心，您就将就着吧；我比从您那儿走的时候更健康了，这次旅行比往常的要艰难，也更沉闷。

我现在才感觉到在您身边享受的快乐安静的日子的价值。我常常想到还在您身边，还和我的卡尔在一起——我对此不能感谢，也不能回报，也不能把它给予我自己，我发现，我从所爱的人心中得到的，无论在哪里也找不到。

我的卡尔现在要忍受他的孤独了，就像我一样。在写作的时候孤独，也比在毫不相干的人群中忍受无意义的噪声要好得多。

我们的表弟现在远方适应得很好。他过去多数时候都快乐和安静，并且聪明，也像我一样节俭。上周二，就是我们到达的那天他出发了。分别对我们当然是很难的，但我最好的愿望和期望伴随着他。

我本周还要给我亲爱的妹妹和我的卡尔写信，到那时候我可能多说说我的事。

我在这里能天天写，因为邮车每天来。

请让我详细地知道您生活得怎么样！您一定要快乐，最亲爱的母亲！我想，假如您把更多的快乐给予我，您自己也能少一点生活的不舒心，那我就不用责备自己。希望您的身体尽快好起来。我希望，去往布劳博伊伦的旅行也能对您的健康有益。

我的卡尔还没有决定自己的命运[1]吗？

我从心底里高兴，很快就能听到他的音讯了。

现在我要遵守我的诺言，给姨夫先生写信。您能想到，那些好人们怎样在等消息。

您生活幸福！我将努力地很快再次写信，这是我的安慰。当然是伤心的安慰！我需要好的心情，并且努力尽最大可能把它给予自己。可是我也感觉到，我再也不能像两年前那样强壮了。那时候我甚至想为那些亲近我的人的损失换掉这个世界。

您要幸福地生活！亲爱的卡尔，生活幸福！

你们的

弗里茨

我现在的地址仍然是

美因河畔法兰克福

荷尔德林硕士 收

送交斯塔特·美因兹[2]。

---

1. 荷尔德林的弟弟卡尔·高克在 1797 年初找到了一份满意的职业。
2. 斯塔特·美因兹（Stadt Mainz），简易客栈名，位于美因兹巷或者布赫巷。

给您一点好消息是我无限的快乐

致玛耶尔神父 （法兰克福，1795 年 12 月末）

尊敬的姨夫：

我能因为您的善意、您的同情心给予您一点什么好消息，对我是无限的快乐；我知道，这个消息对您多么有意义。

我们一路克服了所有的艰辛和单调，但快乐而健康地于周一抵达这里。

我要对您说，我的朋友[1]以一种勇气长途旅行，让我对他感到惊奇，因为我知道他对家庭的情感，对家庭的爱，因为我从自己的心体会到，他失去的有多少。

他是在我们抵达的那天早晨启程的。

这对我们两个都是伤心的时刻，但是我感到安慰的是，我的朋友至少几乎全凭自己，让他的旅行这么快乐，在经历各个阶段之后，仍像开始那样充满信心。我们平时也是十分节俭，这向您证明了，我亲爱的表弟只花两个卡罗林和一点零钱，支付他这次旅行也足够了；他用这种方式阻止我向他出示我殷勤的证明。

有关他的旅行让我安心的是，旅途中天气很好，他在一辆有

1. 指神父玛耶尔的儿子，他正在前往耶拿的旅途中。

顶棚的邮车上，仅与唯一的一位彬彬有礼的男士，法兰克福的职业人士同行，很显然他已经抵达了爱森纳赫，从那里出发仅有短短两天的行程了。他在旅途中的表达，眼下当我们面对面时，没有任何拘束的阴影呈现在我们面前，他的信心和希望正是我从前曾经怀有的。

关于我自己，我没有什么确定的可说。今天我将与我的人们[1]更加熟悉。

昨天晚上我见到了我的小学生，我现在有所有的理由相信，因为我从前的小学生[2]给我造成的伤心时刻，他将会在很大程度上认为我是无害的。请您善意地把我写信的事告诉我母亲。在那个小学生到我这里之前，我把给她的信封上了。

一千个问候和祝愿给予我们尊贵的全体家人，还有在您家里的两位值得尊敬的母亲[3]。

永远是——

您的

最顺从的

荷硕士

1. 荷尔德林担任家庭教师的龚塔尔特的家人。
2. 我从前的小学生（mein ehemaliger），荷尔德林在瓦尔特斯豪森执教的封·卡尔布家的孩子弗里茨。
3. 很可能是荷尔德林的姨妈和外祖母海英，她那时也住在罗西高。

友谊是一个伟大的词

致弟弟　　（美因河畔法兰克福，1796年1月11日）

我现在不能如我所愿给你写信，亲爱的卡尔！我也不愿意一整天都站立着，把有关我的情况告诉你，甚至也没有一个小时，把我内心想的，零零碎碎地通报给你。关于我，从我心里说，你现在也不需要什么消息；因为从这个意义上也没有任何变化，就主要的事情对我来说，也没有什么会轻易改变；但是有关于我的，很多已经成为过去，倒是有很多最新的是，我实际上已经进入了我的状态，根据我自己的、当然并非确定的、不可撤回的判断，我已经与最好的人成为朋友，有了这些人的孩子们成为我的小学生，这不是人们可以轻易找到的，假如人们要寻找没有偏见、本性纯粹、毫不粗野的人，我在我的状态下没有一丁点不好意思，每年400个弗洛林，其他一切免费。

要说我认识的非常有趣的人，特别是我居住在霍姆堡，与辛克莱在一起，他要我向你致以问候，要说我的快乐，很多完全是有关我多方面的生活的评论，我可能要下一次再给你做说明。

我在很多安静的瞬间想念你，我觉得，我们越来越成为朋友。亲爱的！友谊是一个伟大的词，它的内容涵盖很多。

亲爱的母亲过得怎么样？我高兴我有美好的命运，当我想到，全拜托她的热情开朗。——我非常希望给我亲爱的妹妹写信，可是我今天没有一刻多余的时间。她应该不会相信，假如缺少了兄弟之爱，她永远能从我这里找到。我这些天有很多信要写，而给我的妹妹写信将是第一的。要是收到给我的信，或者将会收到的，那你费心尽可能快地寄给我。寄给我的包裹你不要贴邮票。

我现在还住在美因兹的一家客栈，因为我在龚塔尔特家的房间还没有整理好。寄信的地址就写那里。

生活幸福，亲爱的兄弟！让我们相互永葆忠诚！

你的

荷尔德林

神让我们如此悠闲

致弟弟　　（法兰克福，1796年2月11日）

亲爱的弟弟：

为你像我们亲爱的母亲那样、作为兄弟参与我的事情，我向你致以衷心的感谢。你已经看到我在艰难的日子，并与我一起保持耐心，我现在也希望你能与我一起分享这段快乐的时光。

这段时间，我觉得自己重又年轻了；我曾在自己日子的一半变成了一个老人。我的身体现在至少减少了多余的几磅，运动起来，比我想的更自由，更快捷。

神让我们如此悠闲[1]。你把它赐予我，亲爱的！但不要因此认为，我旧爱难忘，锈蚀新乐。但是你会把我的现状称为快乐，假如你亲眼看到，亲耳听到，而我能够把涉及旅费、住宿以及在法兰克福的费用等等，尽可能快、尽可能轻松地解决。

我还要跟你说说进一步的计划，如果我因此更多地环顾自己的周围。我已经去过霍姆堡，对辛克莱提出了紧急的请求。他显然去了柏林的宫殿，想在那里作为商务代表处理凸纹织物的事，但他仅仅把这当作未来更好日子的并非不必要的练习。他让我向

1. 神让我们如此悠闲。原文是拉丁文：Deus nobis haec otia fecit. 引自维吉尔《牧歌》第一首。

你代致衷心的问候。

我同情你，亲爱的！有时候你真正尴尬的境地让你心情很糟。忘记它，你要想到：这当然是一个简短的劝告，一种冷峻的安慰，但是根据你的和我的身份，相信我，亲爱的卡尔！我将尽我所能，为你做所有的一切，你要想到，你在当地还有很多了解你、珍视你的人。千万不要疲劳。——我现在只致力于哲学书信[1]，这个计划你是知道的，要把它们寄给尼特哈摩尔，他就我的诺言提醒过我，还在那封你转寄给我的信里向我要论文。

有关我的小说[2]你不知道新的消息吗？席勒什么也没给我寄来[3]吗？

你费心把我的笛子仔细包装好寄来。它肯定还放在纽尔廷根。

我们的可爱的弗里庞在干什么呢？这个动物在我心中特别惦记，它在我对人感到悲伤的时候带给我快乐。那是一种真心安慰的感觉，那种亲密关系维系我们在广阔的欢乐的大自然中预感，并且更多的是，理解。夏天的时候我将再一次钻研植物学。有关我的教育的事及其快乐，将在下一封信里写。

为亲爱的母亲的慈母之言，再次一千遍地感谢她。写信给我说说她，她的健康，她的心情。

你的

弗里茨

1. 哲学书信（philosophische Briefe），荷尔德林于 1795 年 4 月 13 日给卡尔通报过这个写作计划。

2. 小说（Roman），此处说的应是荷尔德林的书信体小说《许佩里翁或希腊的隐士》的倒数第二稿，荷尔德林曾让弟弟参与此稿的誊清，后寄给科塔出版社。

3. 荷尔德林一直在等待席勒的《1796 年缪斯年鉴》，他曾给该刊投稿，但稿件未发表。

在你抵达顶峰之前，必须学习

致弟弟[1]　　（法兰克福，1796 年 3 月）

我过得一直很好；我很健康，无忧无虑，至少日常工作不受干扰地进行，已经足够了。

你要给我写信，谈谈你钻研的美学。你不相信吗？概念的规定必须先于它们的联合，从属于科学的各部分，例如法学、道德哲学等等，在你抵达顶峰[2]之前，是必须学习的。你不相信吗？为了了解科学的必要性，并且达到超越其上的一个高度，必须首先深入理解它的必要性。当然，人也可以从高处往下进入，它总是离得这么远，所有思想和行动的纯粹理想，这不可展现的、不可触及的美，对于我们无处不在，但是，只有当你穿过了科学的迷宫，才能认识到它的全部完整和清澈，才能抵达美的寂静之国度，而你早已经在怀念故乡了。

……

1. 此信系节选。
2. 顶峰，原文是拉丁文：cacumina rerum。

欲望和爱是伟大行动的双翼

致弟弟　　（法兰克福，1796年6月2日）

亲爱的弟弟：

你的上一封信给了我无限的快乐。歌德在某处说过："欲望和爱是伟大行动的双翼。[1]"——真理也同样如此；谁爱上她，就能发现她；他的心就会升起在恐惧和利己的眼界之上，而大多数人就是在这里成长，可惜！我们在这个给予我们安宁和漫游的地球上，几乎处处都能发现这种眼界，他的性情不是狭隘的，他的精神也一定不囿于个人的感觉。

你的努力和抗争使你的心变得更加强大和灵活，亲爱的卡尔！在我看来，你在走向深处并指向不止一个方面。

这也是真正的彻底性，即：对我们所论证并且必须作为一个整体理解的各个部分的知识，深入下去，全面地了解，直至抵达论证和理解全部知识的极端。人们可以说，理性打下了基础，理智能够理解[2]。理性用它的基本原理，处理和思考的准则打下基础，如此它们仅仅涉及人的普遍冲突，即追求绝对和追求限制的

---

1. 引自歌德的五幕剧《伊菲革涅亚在陶里斯》。荷尔德林1791年2月12日将此名言写入黑格尔的纪念册。
2. 关于"理性""心智"概念的引用，参阅康德《判断力批判》。

冲突。但是，理性的全部原理又要通过把它们引向一切事物的最高的理由——理想，由理性自身来论证；包含在理性基本原理中的这个应当，就以这种方式依赖于（唯心主义的）存在。假如现在主导所有普遍的冲突的理性基本原理，对立的努力（根据美的理想）应当联合，假如这些基本原理在普遍性中对那些冲突施加作用，那么这种冲突的每一次联合必定产生一个结果，冲突的普遍联合的这些结果于是就成为心智的普遍概念，例如，物质与事件、作用与反作用，责任与权利的概念等等。这些概念现在对于心智，等同于理性对于其理想；正如理性根据它的理想构建其法则，心智根据这些概念构建其最大。这个最大包含标准和条件，任何一个行动或对象都必须在这些标准和条件下隶属于这些普遍改变。例如，我有权占有不受自由意志支配的一件东西。普遍的概念：权利。条件：它不受一个自由意志的支配。这个隶属于普遍概念的行动：占有一件东西。

我给你写下这些，就像人们打个简短的草稿，或者在信里写点什么，可以做一次十五分钟的交谈。

你的命运常常沉重地压在你身上，我对你完全相信，心爱的！做一个男人并且胜利。在青春早期和成年期，从四面八方侵入我们的心和精神的捆绑，对我们最强壮力量的施虐和窒息，也给予了我们美好的自我感觉，假如我们向着更好的目的勇往直前。我会为家人们做点事。我不会也不能为你设法弄到另一个职位。你现在需要的完全是悠闲；在你为别人生活之前，你必须能够自己生活。出于这个考虑，我建议你，对我其他的表达，经过深思熟虑，你去上大学。假如我这样多舛的命运在我当前的状况下尚能养活自己，我到下一个冬天结束时还欠我整整200个弗洛林；我把它寄给你，你去耶拿，我相信，每年用这笔钱，据我算，还能做点别的，小额的津贴对你仍是需要的，亲爱的母亲不会拒绝你的。你不要谢我，那是我的信念给予我的，履行一条诫命，与达到我们的目的，所得报酬是完全不同的。我们对此怎么能怀疑呢，亲爱的兄弟！

你所说的那些最重要的熟人，可惜我很少或者根本不能给你写！

让世界走它自己的路吧，假如路不能被打开，那么走我们自己的。

我一直希望这个夏天能多做点什么。要把我们体内滞留的某种东西激发出来的那种冲动，如果我们分离，实际上只会把我们紧紧束缚于生活。

当然我们也渴望着越过生与死的这种中间状态，进入到美好世界的无限之中，进入永远年轻的、我们由此而生的大自然的怀抱。但是万物都有其永恒的轨道，我们为什么要过早倾倒于我们渴望的方向呢。

面对太阳，我们不会感到羞愧。她升起于邪恶和善良，所以，我们也能有一段时间与人和他们的所作所为以及自己的局限和弱点相处。——为你的朋友H.，假如可能，我会想想办法。我最近刚刚拜访过辛克莱，他让我代致你衷心的问候。他很悲伤，我们也一样。

费希特出版了一本《天赋人权》，我刚刚从一个书商那里得到，现在还不能做评价。我相信有很好的理由建议你也买一本。

向我们亲爱的母亲和别的亲戚和朋友致以一千遍的问候！

生活幸福，我的卡尔！

你的

荷尔德林

科塔的拖延让我很不愉快。但愿他已经把钱寄出了，或者很快要寄，假如他现在才开始要印我的书[1]。

1. 荷尔德林有意重写《许佩里翁》。

你将会发现真理

致弟弟　　（法兰克福[1]）

通过你对自己的三见，亲爱的卡尔！你是幸运的，我本来想，你像我一样看待这件事。对于从外面围绕你的那些，你要尽量少放在心上。看！大多数人到处都发现神奇的事物，神奇地大，神奇地快乐的事物，因为他们所有的人都用他们自己内心的贫乏和局限来衡量他们所碰到的事情，因为他们如此不习惯用他们自己的眼光。因为他们让自己那么厌倦死亡，他们认为死亡到处都这么有意思，因为他们觉得，根本不值得用那么大的努力让快乐有意义，他们对死亡真可谓充满感激，极有礼貌地称呼它，彬彬有礼地对待这个明智和合理的命运。

（顺便问一下！我很想知道，彬彬有礼到底是什么意思？）——但是，既然你对自己已有了这么多主见，那你就应当悉心地照料你的心和你的精神。享受真理和友谊！之所以我能这么充分、强烈和纯真地把它给予你，因为你值得有它！可是一绝非万有[2]，而我决不会像一盆旧花，已经底朝天散落在大街上，花苞

1. 这封信及随后的信，可能因第二次反法同盟战争进入德国的土地，荷尔德林随龚塔尔特全家一起，先逃亡到卡塞尔，后又前往汉堡，写信的日期发生了差错。
2. 一绝非万有（Einer ist nicht Alles），荷尔德林在 1800 年或 1801 年所作的悲歌体诗《面包与美酒》中，隐喻耶稣“早已被称为一即万有（Eines und Alles）”。

失落，根已干枯，现在要努力把它重新植入新鲜的泥土，不是要用细心的照料让它免于枯萎，而是它随处都枯黄和萎靡，但是存在。我因此十分肯定，只要我活着，一定要尽全力保证，只要是依赖于我的，你会需要我，你的生活在别的地方将会快乐幸福，也就是说，与你高贵的存在之所需相适应。

我不能相信，我们尊贵的母亲会拒绝我向她提出的充分的理由，对于你去耶拿的旅行不给予她的赞同和她的意愿以及她的赐福。

你将会发现真理并且至少会有一个真正的朋友，这是我的希望！你的学习计划我愿意事先从你那里听到，以便根据你的独特的愿望和特点提出我的建议。对此，通常有很多可聊的，但是，为着让它有用，我们两个都必须注意到每一个要点和特点。

现在正是你不缺少希望的时候。你应当掌握一门你喜欢的专业，我对此深信，你不会让自己止于平庸，而现在超过中等水平的、正在从事国民经济专业和法学以及科学专业的人，因为他们的稀缺，正在到处寻求讲座职位和商业生涯。

无论如何你可以做一个家庭教师，做得像我一样好，并且快乐，而符腾堡的、德国的和欧洲的政治的和精神的无耻卑鄙的嘲笑，都很好，像我。

6月10日（1796年）

我这么长时间重又写信。现在我以惊人的方式中断了。皇帝的军队现正从韦茨拉尔退却中，法兰克福地区因此将首先成为这场战争演出的主要舞台。为此，我今天与整个家庭向汉堡出发，那里有这个家庭的亲戚。龚塔尔特先生本人独自留在这儿。将有重要的演出登场。人们说，法国人到了符腾堡。我希望，这件事至少是这样，它首先不会给我带来实际的麻烦。做一个男人，兄弟！我对那些要害怕的事情不必害怕，我害怕的仅仅是害怕。把这些告诉亲爱的母亲。让她安心！假如我不必为此承担责任，我会去你们那里。现在每个人都需要勇气和理智。激动和恐惧现在已经不是流通的硬币。

生活幸福，所有你们亲爱的！

你们的

弗里茨

战争，这场宏大的戏剧正在上演

致弟弟　　（卡塞尔，1796年8月6日）

我希望，我的卡尔，因为邮政的原因，现在再一次能与你通消息了，因此，你很容易地想到，在很多方面，对于我来说，详细地了解在你们身边发生的那些大事件[1]的特别的情况，尤其是我们亲爱的家庭所有人的情况，是多么迫切的需要。

我更关心的是正在平静下来的各种可能性，而不是对战事正酣的莱茵地区更加熟悉的胡思乱想。

我衷心地同情我们善良的母亲，为她忧心忡忡，因为我知道，在这样的情况下，她的感觉承受着怎样的屈辱。

你，我的卡尔，身在这样一个宏大的戏剧演出的近旁，如同共和主义者的巨大进步，内心能够得到增强。

即使聆听几千年前古波斯人对希腊发动的雷石交攻，从阿提卡越过赫勒斯滂海峡[2]，一路败退到野蛮的苏萨，也比看见一场无情的暴风雨席卷自己的家园更加轻松。

当然，你们也不用付钱，欣赏了这场崭新的戏剧。但是，我

1. 大事件（große Begebenheiten），指法国军队入侵德国的战事。
2. 赫勒斯滂海峡（Hellespont），今天的达达尼尔海峡。苏萨（Susa），古波斯地名，在今天的伊朗。

的意思是，你们这么非常好地经受住了。我今天刚刚从报纸上读到，圣·西尔将军越过蒂宾根、洛特林根和布劳博伊伦，驱赶奥地利军队，我内心非常不安，因为我们可爱的姐妹和她们的家园；我还因为孔德（革命前的法国王朝被称为波旁—孔德[1]王朝）的怪兽会糟蹋了地球并且邪恶地居住在你们中间。收到这封信以后就按这个地址给我写信，亲爱的卡尔！我什么也不缺少，只要我的家人们得到安宁。我在卡塞尔已经快乐地住了三个星期又三天，我们旅途中经过了哈瑙和伏尔特——离法国人的炮声很近很近，当然一直还是很安全的。我在我们出发去汉堡的那天给你写了信，但是考虑到这个地方对龚塔尔特夫人特别感兴趣，她于是决定，在这里住一段时间，因为我们刚刚到达。（她让我向亲爱的母亲和你致以问候，并建议你们尽可能乐观地看待你们的形势。）《阿尔丁海洛》的作者，著名的海因策先生也与我们一起住在这里。他真的完完全全是一个非常优秀的人。在这样一个热情开朗的年龄，没有一个人比得上他的英俊。

这段时间我们也有我们的演出，它们比你们的更加和平。普鲁士国王正对当地侯爵进行访问，受到极其隆重的款待。

在这里围绕一个人的大自然，是巨大和成熟。艺术也让人快乐；这里的奥加登和白石的设施在德国名列前茅。我们在这里还结识了不少艺术家。

艺术画廊和博物馆里的雕像让我享受了真正快乐的日子。

下个星期我们要从威斯特法伦出发去往德利堡（帕特博恩附

1. 波旁—孔德王朝（Bourbon-Condé），法国执政的王朝。

近的一个浴场）。我会给你地址，在那个地址下我肯定能收到你的信。如果实现了和平，我们在冬天开始的时候就可以在法兰克福了。

生活幸福，我的卡尔！绝不要放弃你的正确的希望！尽快给我写，写得多，准确，并且从你的心里写。

一千遍地问候我们善良的母亲和我们所有的亲爱者们，向他们致以我衷心的关怀。

你的

弗里茨

如果有一天，思想家和外交家集于你一身

致弟弟　　（法兰克福，1796年10月13日）

现在我与你之间，比前一段时间又近了很大一段距离，感受一下吧。你收到的我的上一封信是从卡塞尔发出的。从那里，我们乘一艘德国的小艇，去往威斯特法伦，穿过了荒凉美丽的地方，越过韦泽河，翻过了光秃秃的群山，肮脏的、无以描述的赤贫的村庄，还有更肮脏的、崎岖不平的道路。这是我简短、真实的旅行描述。

在我们的浴场，我们生活得很安静，没有结识新的人，也不需要什么，因为我们居住在秀美的山岭和森林里，我们自己组成了一个最好的圈子。海因策也跟我们在一起。我对那个浴场的需要很少，我饮用可口甘洌、纯净的矿泉水，感觉非同一般地好。如果有什么让你高兴的，那就是，我能说，我们在那个山谷里仅仅住了半个小时，赫尔曼就是在这里击败了瓦露的军团。我想，我如何站在这个位置，在那个美丽的五月的下午，我们在哈尔特附近的森林里，身边的岩石上放着一罐水果酒，一起读着赫尔曼战役[1]。但那总是金色的散步，亲爱的，真诚的！他们应当更加美

1. 赫尔曼战役（Hermannsschlacht），这是德国诗人克洛普施托克的一本诗剧。

好，正如我的希望，假如我们重又坐在一起。我但愿亲爱的母亲认真考虑了我的建议，那是我在这个夏天为了改善你的状况提出的。

我们不要纠缠她；如果她反对我们的意见，她会把经济的原因给我们讲清楚，那促使她这样做。

哲学你必须学习，假如你没有了买灯和油的钱，并且没有更多的时间，就像午夜直到鸡鸣。那是我无论如何要重复的，这也是你的意见。

教授和大学你当然无论如何是需要的，但是我愿意看到，你为了满足你最高贵的需要而较少对紧急救助的依赖。

如果有一天能看到，思想家和外交家集于你一身，那是应当的，我该有多么衷心地高兴啊。

假如不去耶拿，至少也要去法兰克福。你应当为像我一样勤奋而高兴。我在圣诞节日前给你寄来（因为在那个事件前后大街上特别地安静）；在圣诞节日前我还要给你寄来旅费，你给自己买一件暖和的大衣，坐上邮车，在这里待几天，拜访在霍姆堡的辛克莱，然后硬朗地回到办公室，没有任何一点耗费。

那是你不去耶拿的情况！

我过得很好。如果你再次看见我，就会发现我在不那么革命的状态了；我也很健康。我寄给你一点开司米做一件背心。这次我们的博览会空空荡荡。只要符腾堡和我尊贵的家庭能保证不遇到新的困难就行！我不应该谈论很多政治的悲叹。我一段时间以来对一切在我们之中发生的事都很沉默。

问候所有的人！尊贵的母亲和妹妹，和外祖母，尤其是其他在罗西高和布劳博伊伦的人们！

假如亲爱的母亲没有什么不妥，我请求她，下次多少给我写一点什么。我渴望着，能再次看到她的一些事；她健康吗？对我还好吗？

你的

弗里茨

要尊重我的同胞的想法并努力为他们服务

致母亲　　（法兰克福，1796年11月20日）

最亲爱的母亲：

我这次给您写信，因为我有责任跟您讲清楚，我因为那个教师的职位[1]做出那个决定，是有充足的理由的。请您放心，假如没有您每天的在场和您亲切的照料，我得到的拒绝一定不会比您和我的卡尔少。我的状态是很幸运的，但是在这个世界上，哪里还有一个人愿意想念他的母亲和这样一个弟弟以及他的家庭？因此您完全可以相信，我绝不会这么轻易地不去利用我的好同胞的正直、有利的召唤。但是，对这样一个我每天都感受到友谊的家，我尚不能报以点滴恩惠，对一个我满怀希望的学生，刚刚开始更能理解一点我的心和我的课程，我决不能一走了之。因为，是否能有一个另外的人，能够像我做的一样，尚不能确定。据我的了解，这个孩子像我一样，几乎是天造地设，完全出自自然之手。我一千次地在他身上发现了我原初的脾性，这个孩子也在我身上预感到相同的情感，这正好很大地减轻了我的教育，并且总是越来越多向我显现，那是每一个快乐教育的绝对必要的条件。

1. 教师的职位（Präceptoratstelle），很可能指荷尔德林曾就读的纽尔廷根的拉丁语小学的教师职位。

我更需要担心的还是我的健康，我的精神和我的性格这么经常地依赖于它，可能很轻易地失去我在目前的状态下所能得到的这种平衡。最亲爱的母亲，您知道，我的身体在纽尔廷根的那个夏天经受了怎样的折磨。我现在已经完全复原了。但是，在那样一个如此不安定的机构里面，能好好待下去吗？我能够以大量的精力长久地投身于它吗？学校教师我做不了，四十个男孩子按照清一色的原则并以永远生气勃勃的热情来教，真正是一项巨大的工作，尤其是，还有家庭教育以及各式各样的机构，经常性地来对抗。

接下来还有我的研究，那对于我，是天性和习惯，是不可缺少的必需，如果没有了它，我在地球上就没有幸福可言，这快乐的、至少是纯真的钻研几乎必须彻底中断，假如我不想把每个午夜变成白天，假如我不愿意在一年之内把它完成，那我就不应当做，也做不到。

我相信，这是三个坚实的理由。我还能列举很多，可是我认为这并非必要，因为我知道，我所说的一切，您自己都能感觉到。

我们本来要通过拜访和令人愉快的消息，尽可能地让失败的互通音讯变得无害。我仍然知道，您自己就经常表示，您绝不会就这样的状况再对我提出建议。

请您以我的名义向所有的人表示感谢，我至今内心所想，是真心诚意的！那么您说，我知道要尊重我的同胞的想法并努力为之服务。

如果可能，我明天要给亲爱的卡尔的两封亲爱的信写回信。

最亲爱的母亲，为您的善意的长信，我衷心地表达感谢。您就我们的经济状况对我所说的，我都以决心和信心接受。我坚信，您为我们的卡尔，为我们和祖国所许下的这么多诺言，都已尽您的可能一一实现，对此我也是认真承诺的。您要为一个消息高兴，我最珍贵的大学朋友之一，斯图加特的黑格尔硕士，经由我的中介，从明年开始，要到这里最幸福的家庭之一担任家庭教师。假如我也能把我的卡尔带到附近，待一段时间。可是，这我对您不能大声说。

请您一定保持身体健康，以平静不受打扰之心慈爱您和您的孩子们。

您为我的一切祝福吧！还有为亲爱的妹妹和她的家所做的祝福。所有亲爱的家人们在这场激烈的战争中一点未受伤害，是我无尽的快乐。生活幸福，最亲爱的母亲！

您的

弗里茨

用宽广的胸怀和俭朴之心耕种自己的土地

致弟弟 （法兰克福，1796 年 11 月 21 日）

亲爱的卡尔：

我这次只能对你第一封亲爱的来信做一个回复，首先要对你所说的一切衷心地说一声，是的！在另外的时候，我将不再用啰里啰嗦的方式，向你解释必要的精神构建和支持这种构建的一个适宜的状态，以及其应该针对的方向。

你在你的非同一般的思想中，把趋向无限的青春活动之火，与它在自由的家庭生活中所受到的限制，特别正确和美丽地并列起来。生活中有所有的智慧，我们既未加以大力扩展，也没有予以充分地集中，就像一个人，他有宽广的胸怀，却以一颗俭朴之心耕种自己的土地，养育自己的孩子，你很容易想要成为那样一个人，这个人，根据我所思考和经历的一切，在我看来，是一个最幸运的和最有人性的人，因而也是一个最完整的人。你肯定很快就会找到一种状态，让你每天有几个小时从令人厌倦的无所事事中提升你自己的精神，它当然是通过多数市民的事务中获取的。

我们也曾想安慰自己，到了更好的时候，你将以双倍的力量和快乐利用它们，因为你由于欠缺而格外珍惜。也还有某些事情要安慰你，即一个不可否认的事实是，每一个不同寻常的头脑都会发现一个领域，自己就在其中，但无论那是一个怎样的领域，有时候都会发现它太狭小。我说的是有时候！因为他再次思考并说，一个无限的活动空间对于精神的发展未必比得上一个受限的空间。

你迄今已经赢得了一个比得上高贵的斗士的状态。好好干一段时间，最糟糕的时期会被克服。

关于费希特的天赋人权我下次再给你写。我想要给你说一些基本的和完整的东西，现在没有时间来做。

我的《许佩里翁》到下个复活节将完整地出现了。因为偶然，它的出版拖延了。

那你就好好地吧，亲爱的！把那两期《施瓦本年鉴》[1]给我寄来，那里面刊印了我早期的诗，我要把它们修饰一下，我没有手稿了。

生活幸福，我的卡尔！这次将就点吧。

你的

弗里茨

1. 那两期《施瓦本年鉴》（die zwei schwäbischen Allmanache），荷尔德林并未如期待的那样编辑两期《年鉴》中的《蒂宾根颂歌》，而只为第一期上的《再生》（Palingenesie）作了注释。

数学在科学上是唯一能与天赋人权完美并肩的

致弟弟　　（法兰克福，1797年1月10日）

亲爱的卡尔：

我们亲爱的母亲的信和你的信，经过这么长久的期待是值得的。里面的每一个音节都让我高兴。

你的状况发生了这么有利的改变，尤其让我高兴。我真的相信，B[1]. 是个男子汉，他珍视你，也将被你珍视。你对他了解得这么多，你能够希望与他在理性的交谈中让你的精神中尚不那么丰富的方面变得更有生气。他是个数学家，这对你是很好的，在完成了天赋人权的学习后，去钻研数学，你将会发现，数学是一门唯一能与天赋人权的可能的科学上的完美并肩而行的科学。我现在也经常用这门可爱的科学进行工作，并且发现，必须要再说一次，这个权利学说，它的完美和纯粹已经到了这个程度，完全能够并且必须成为人类精神的整个领域中唯一的学说。我特别想当面跟你畅谈天赋人权的话题，并且给你讲解我置入的相关的内容。可是现在压在我心上的是，期望再次见到你。我非常感谢你，亲爱的卡尔，你所做的这么合我的心意。这不要让你后悔。

1.B.，布鲁姆，见荷尔德林1783年6月致母亲的信。

那将使你个人获得无限的自由，让你一朝脱离开你迄今已知生活的整个社会和国家，去见世面。对于一个像你一样生活这么限制的人，一次到法兰克福的旅行是一次多么丰富的享受，对于很多别的人，可能就像穿越半个欧洲。我所有的快乐，所有在我心中依然年轻的，我都要印在你心上。你将使我更健康，找到井然有序的感觉。我为你考虑了借宿之处。你认为你的旅行该怎么做？无论如何我寄给你 4 个卡罗林。假如这不够，那就马上告诉我。为返程我也已经考虑好了，假如必要的话。

为亲爱的母亲善意的来信向她一千次地致谢。我下次会给她写的，也会给亲爱的妹妹。我眼下要回复的信增加到了半打。关于我的工作仍然一字不说！让我固执己见，亲爱的卡尔！最后我因为你兄弟的关心而满足。

好好生活吧，亲爱的！这一次尽快再给我写，假如我这一次写得这么短，那是因为有十分要紧的事。

你的

弗里茨

人都想要成为一个适宜的人

致母亲　　（法兰克福，1797 年 1 月 30 日）

最亲爱的母亲：

对您的善意，我既高兴，也不高兴。我本来应当以完全地实现您母亲的愿望来回报您，但这一次我回报的方式，却一定会让您有或长或短的不舒服。我不得不对自己的性格做评价，但如果您曾对我的性格做出评价，那您肯定特别地心灰意冷，假如我以毫不造作的感谢接受那个荣誉，它因我自觉自愿的效力[1]而授予我，那么，如果我用任何一种别的方式来思考和感觉的话，那种幸福是无用的。

亲爱的母亲！人都渴望成为一个适宜的人。如果我得到了荣誉，我就是那种人了吗？

我在年龄和兴致上，已经适宜于在任何一种固定的家庭关系中生活了吗？我自己还有那么多教育和工作的需要，否则，我怎么可能适应我将来的状况？我对那个人提出多少要求，我对那个人提出了无限多的要求，那个人的兴趣难道不应当专一地并持久地对我吗？人会变老，人必须经过很多很多的尝试和经历才更满

1. 自愿效力（Anerbieten），指的是一个牧师的职位，担任这个职位，荷尔德林必须已婚。

足地对自己说：我将留在这儿，安安静静！

我请求您，不要有奇怪的想法，不要想入非非，就像我的国人通常做的那样发表此种言论。我追随自然，并且从各方面考虑，为我尽可能持久地赢得自由，这并非不可理喻；正因为我比平常的人更了解自己和这里每一个与我相似的人，为此我追随自然。

很快将幡然改变。做一个安静的丈夫倒是件美妙之事；只是不要对一个人说，他要进港了，他是从半途折返的。

我也觉得做教师比做牧师要辛苦。我很难同意一个在我们教区的、不可回避的讲座，而且这么轻松，仿佛是必须的，而对于一个与我当前的职位相同的职位，如果能够更扩展一点，我相信是能够很好地完成的。教师职位依我看，总体上现在比牧师的职位更能有作为。我相信，我已经在上一封信里，就我所记得的，在口头上也都讲过了。

假如我承认，我认为我的存在，其必要性，我当前的状态是极端适宜的，您也不要生我的气。亲爱的兄弟在他回来后应该已经跟您讲了，离开现在与我一起生活的高贵的人们，放弃一个我每天乐在其中的有教养的人际关系，是否是很轻松的。龚塔尔特先生和夫人给我的感觉，就像您母亲的心跟我贴得一样近。我们真诚地在一起谈论您亲爱的来信，我们真的非常理解您，最亲爱的母亲！

但是如果我留在这儿，您什么也不会失去。我与您之间的距离，您是清楚的，您每年还来访一次。这我在这里也能并且也会做到。

我本来可以每个星期都给您消息。我这些日子在这里也能并且也将做到。

您已经对我的经济状况感到高兴。您现在和今后将更高兴！

我从未这么长时间以来一直很健康，我也常常被提醒，从这方面考虑也没有改变状况的压力。忙碌不允许我尽一切可能让您对我的决定安心并且乐观开朗。您不要因此放弃对我的健康的关心，最尊贵的母亲！对我和对您的未来怀抱一切美好的希望！因为我认为，它们都会实现。

明天我要给亲爱的妹妹和卡尔写信并给他寄去一点旅行的小钱。

永远是——

您

忠实的儿子

荷尔德林

你我的心必须紧紧贴在一起

致弟弟[1]（法兰克福，1797年2月4日）

当我想到，我把亲爱的母亲和你的那些美妙的计划都推迟了，我现在有些担忧。但是这不要让你有过多猜想，我的内心深处一直在催促我，回避这次提供给我的关系，而我不得不与你们所有亲爱的永远忠诚的亲密关系做斗争，而不为它所征服。

我不愿提及我的上一封信里的事，为此你也曾想办法让我安心，因为我能猜到，那封信必定可能经过了陌生人的手。可是你自己能看到，亲爱的兄弟！你的心和我的必须紧紧贴在一起，假如我们冒险以一个存在进入这样一种亲密的结合中，那么，没有空洞的牧师职位或者诸如此类，我们在生活中可能都没有人看一眼，或者即使偶尔地露一下脸，也不会被看作为唯一的，我们却要以此结成一个整个生活的同盟。我认为，从另一个角度考虑，这样一种关系根本就不要去想。双方都不应当萌生这种轻松的愿望，以为人们会喜欢，因为它是天经地义的。既然已经给予了解释，只有娶了那个女孩的人才能获得那个职位，那么，再请解释这个职位对你并非合适，并且不会给予其他的考虑，那就是不合

1. 此信系节选和摘要。

理的。而且，只有在这样一种解释下我才能决定接受这样一个职位，假如不能对我确定其他的理由，那么现在绝不可能接受一个这样的职位。其他的理由我在上一封信里已经列举了。

给他寄去了赴法兰克福的旅费。

我期望能有你的岩石、森林、山峰和蓝色山谷

致妹妹　　　　　　　　　　　　　　　　（法兰克福，1797年2月17日）

你用你的信给了我巨大的快乐。我发现，你给予我的美好的享受，让我尽可能经常地加倍享有，我因此允诺你，以最严格的认真细致回复你的每一封来信，假如所有的日子都来一封。这不会是现在就发生的事，但是我计算着从现在起每个月两封吧。你的消息总是让我觉得新鲜有趣。卡梅勒尔还常常想起我，让我特别高兴。他是很少真正了解我的人之一；这对他来说是很容易做到的，因为在耶拿他几乎天天见到我，他乐观开朗，躯体和灵魂都无忧无虑。通过这些交往，他成为我终生的亲爱者，我非常高兴的是，他在布劳博伊伦，也在你的社交圈生活。我相信，你的女友已经选择他做丈夫，他对她是唯一合适的。一个具有活泼心智的妻子最好建议有一个宁静、沉稳的丈夫，像卡梅勒尔那样。

我曾多次期望能有你的岩石、森林和山峰以及你的蓝色山谷，而不是我周围的林荫道；当然你也一定要在那里。

假如你看到，我现在生活得多么好，我如何开始按照你的感觉变得越来越让人满意，内心更加平衡，你该多么高兴啊。

我们的卡尔在你丈夫的陪同下到我这里来，是否是不可能的？你可以用你的劝说技巧对他尝试一下。假如他现在不可能进

行这样一次健康的、友好的旅行，也许还存在一个更加有利的时间。但是我不可能很快冒险到你们那里去，假如我不想被怀疑想家。

我相信，在我列举的那些理由中，你不会发现，因为牧师的职位，我对那个众所周知的建议做出这样的而非别的回复是不理智的。假如我的家庭不同意我，那将使我痛苦不堪，现在以及将来，我都不会在这样的道路上寻找幸福。

代我问候你亲爱的孩子们。他们要保持健康。我相信，克里斯蒂安让你有越来越多的快乐，时间越长，他聪明的头脑也一定发育得更好。那个小小的娃娃王后我真想亲眼看见一次！

很快给我写信，最好的妹妹！

你的

忠诚的兄长

弗里茨

在成熟的生活中，人重又倾向于人性和安静

致妹妹　　　　（法兰克福，1797 年 4 月）

最亲爱的妹妹：

我自己想，你已经在精神上陪伴我们的弟弟来到这儿；我宁愿它真的曾经发生过。

他的来访让我有了兴高采烈的日子。在最初的迎接中我几乎没怎么坐；邮车让这个可怜的孩子这样坐着，但他很快就让我解冻了。他必须在第二天立刻与我一起去霍姆堡，去辛克莱那里，他是一个非常优秀的年轻人，是我的朋友，是朋友这个词的最彻底的意义上的。第二天从霍姆堡出发，是在那个地区的山区，从它的最高峰上我们看到很多英里之外国王般的莱茵河和他的小弟弟美因河，以及绿色的无穷无尽的大平原，它铺展在两条河流之间，法兰克福有它可爱的村庄和小树林环绕周围，还有高傲的美因茨以及壮丽的远方，在一边，是法兰肯的群山和森林，施佩萨尔特和伦山，在另一边，是洪德吕肯，继续往前是紧靠山区公路的群山，还有在亚尔萨斯，在我们的后面，是波恩地区的最高的山峰等等。

然后转向美因茨；城市的中心让我们扫兴；巨大的城堡建筑人不能完全看到；不让自己暴露于军事；教堂都被摧毁或制成了

杂志，有趣的人现在也不是很多了，那倒让卡尔很高兴，他认识了我的一个熟人福格特教授，他在我眼里是一个值得注意的人，这是因为他的命运，他远程参加了美因茨革命，还更因为他的纯粹的、单纯的性格以及他的精神和他的丰富的学识。

关于美因茨这个地方，卡尔自己应该跟你说。那肯定是发自他内心的！然后我们一起在这里待了一些天，做一些小的远足，显然，即使我们还要在一起多待几天，共和党先生们也不能使我们的打算落空。这天早晨我们看到了帝国撤退的一小部分，那一幅景象就向我们说明了很多。我们决定，下午就告别。我继续陪伴好弟弟走了一个小时路程，那对于我们两个，太快了，也太难了。

卡尔出发的第二天，法国的骑兵就到了我们的门口，几乎就在那一刻，波拿巴给霍奇将军送信的一个信使从这里经过，整个城市充满了和平的欢庆。那是一种完全自发的情形。——在城门前的法国人听到和平的消息并没有后退；（他们将遵守他们的命令，法兰克福博览会已有点被抢劫）信使已抵达霍奇将军，但将军还未出场，所以整个中午人们还不确定情况将会如何，因为一支帝国军队还没有准备好一次猛烈的进攻。但是双方的将军已就停战达成了协议；法国人几个小时以后从这里退回到尼德，现在我们重又相当安宁地生活。

下个星期我们可能要迁到城市附近、龚塔尔特先生租的一个乡间屋子[1]去。那个屋子建造得很精美，人们居住在绿色之中，草地上有花园，周围有栗子树和杨树环绕，还有丰硕的果园和远方

1. 乡间屋子（Landhaus），在法兰克福北部的一处乡间别墅阿德勒弗里奇宫（Adlerflychtsche Hof）。

群山的美景。我发现，我年龄越大，我越像个春天的大孩子。我将以所有的心力为他快乐。让他也能得到你吧，亲爱的妹妹！人在年老之前，必须做一切最好的并且得到它们。

如果你找到一本书名是《许佩里翁》的书[1]，那你就帮我一个忙，经常地阅读它。它也是我的一部分，也因此占用你的几个小时吧。我要合法地把它寄给你，可是我为自己预订的样本，亲爱的母亲已经寄到这里了，我忘了为此给科塔写信了。

寄来一点从博览会买的小东西。收下做个纪念！

你的可爱的孩子们怎样了？我对他们有一千个欢喜，假如我能再一次到你的屋顶下。

只给我写你的快乐的消息。那是我最喜欢的，就像我能亲眼看见你生活得很好。越是小事情，越好！

在教科书上一切都是很好的，可是在我们的信中，我们总会不理智地互相说说我们自己，还有我们重要的和无关紧要的事情。——你不相信，当我想到你在屋子里的满足的存在，让我有多么高兴！如果人在青春时代向往着成长，那并不愚蠢，但是成熟的生活重又倾向于人性和安静。

生活幸福，我的亲爱的！衷心地问候你的丈夫，和你的孩子们；问候我认识的所有的人。

你的

弗里茨

1. 荷尔德林的小说《许佩里翁》第一卷于1797年4月由科塔出版社出版。

以乐观情绪欣赏大自然

致母亲 （法兰克福，1797 年 7 月 10 日）

最亲爱的母亲：

我忐忑不安地等待您的一封来信，您也用它收下了我的沉默。我多次想给您写信，多次又希望放弃，我正要给您写，说说我对您和亲爱的妹妹造成的痛苦，还在想，我精心构思的信能不能收到回音——但是您亲爱的来信足以让我安心。您答应给我的信，我还没有收到。

我们的卡尔恼怒地给我写信，说您已经把租房子的事做了改变。我惊讶的是，您必须搬出来，如果我没有搞错的话，因为您设定出售的条件，是您要一直住在一些房间里，只要它们对您有用。我更感到惊讶的是，您宁愿不离开糟糕透顶的纽尔廷根，而在布劳博伊伦或者罗百高或者附近的一个地方租一处房子。这样一种改变的辛劳是无法估量的，根据您的理性选择的一种新的状态，必定对您的身体和精神有有利的影响。

我还是觉得很疑惑，最亲爱的母亲！假如您不再有那么旺盛的精力，它需要好的心情和新鲜的空气，以一种乐观情绪欣赏大自然，能够轻易地给予你纯洁无瑕的生活。或者，我是否应当向您建议，在您力所能及之下，通过阅读充实您的精神，汲取自然之生气，亦可在工作和操劳之时，让另一个得以安心。假如您不愿意这样，最亲爱的母亲！那您就多多给我写信，写很长的信，我也会以同等的规模给您回复，这大概也可以时不时地给您的情绪一个明朗的方向。

您的孩子们现在已经都自立了，很健康，都处在一种人们不能小觑的状况，假如人们对世界有一点了解并懂得什么是小觑，现在您被所有的人热爱和尊重，还被其他的各种关系，比如纽尔廷根的人们，您可以自我摆脱，假如您想要的仅仅是能让生活轻松舒适一点的手段，只要您不再担心，您不再为孩子们做出牺牲就会如何如何，而因此，您出于道德，想要通过本可轻松避开的操心事缩短您尊贵的生命，我对此是不能原谅您的。假如我像您，已经在这个世界上如此广泛地有了这么多工作经历并且正直地履行自己的责任，我也要在您的年龄有一种舒适的生活！我知道，最亲爱的母亲，一切都是不可避免的，我知道，您的温存体贴的情感不是轻易能够磨炼的，但是您绝不应当与痛苦结为同盟并且慷慨地让自己被它摆布。——假如可能，这个夏天的末尾，我和我的小学生一起去拜访您几天。假如您住得太拥挤，那也并不失礼，如果十分必要，我们可以在客栈下榻。不过我什么也不能许诺。我十分同情罗西高的那个善良的人！我本来应该给姨夫先生写一封长信，可是我真的不知道，关于我的表弟我应该写什么。这种疾病在这个家庭可能有它的用处。向布劳博伊伦的人致以我衷心的问候。最衷心地祝愿外祖母大人健康长寿！

永远是——

您的

弗里茨

祝贺我的那位善良的熟人担任神父的职位。我本来也是能够做出这样的决定的。但是人各有志。

每天勤勉工作并保持安静的心情

致弟弟 （法兰克福，1797年8月）

你的担忧是完全没有根据的。你的信我没有放在手边，时间又太短，没有去找，否则，我又要啰啰嗦嗦地解开你的疑团。

你问起我的心情，问我在忙什么。第一个是在光明和阴影之间摇摆，到处都一样，只是幅度常常更大了，在我这里更加鲜明。我的工作甚至更像从前了。我写诗，给我的孩子们[1]上课，有时候读一本书。我很不情愿离开我的工作日程。谁要是像我一样，从未缺失一个日程，就不知道每天勤勉地工作并保持安静的心情，是多么值得。生命对大多数人是昏昏欲睡的，而我却常常过于生龙活虎，我活动的圈子太小。几年以前我还不理解，任何一种限制我们力量的情境，在很多方面，还被认为是有利的。现在我有时感觉到我是多么幸运，当我把他们与别人相比较，他们常常离我们远去，他们对于我们，就像芜菁对于田地，从我们身上汲取了过多的力量，而随后把我们当作无用之物废弃。

让你的生活就这样无意义吧，就像现在！它将会获得足够的意义。我本来要对你做一些推论，但是夜色是美好的，夜空和风

1. 我的孩子们（meine Kinder），荷尔德林任家庭教师的龚塔尔特家的孩子们。

围绕着我，像一首摇篮曲，人们在这时宁愿沉默。

我的《许佩里翁》已经得到了一些赞美词。我高兴的是，它的结束指日可待了。我把整个详细的计划转变成一个悲剧[1]，它的内容让我发狂。

一首标题为《漫游者》[2]的诗，你可以在最新一期的《时序》上读到。还有几首我的诗，你可以在席勒的下一期《年鉴》上找到。

我有点累了，亲爱的卡尔！因为白天的工作。那么多多保重，这一次就免除我更多的话语了。我很快再给你写，更清晰，并且更温暖！一如既往！

你的

弗里茨

1. 悲剧（Trauerspiel），荷尔德林王计划创作的悲剧《恩培多克勒》。

2. 漫游者（Der Wanderer），此诗第一稿本刊载席勒主编的《时序》杂志，《年鉴》仅刊载了《致以太》。

自由和安宁是我唯一寻求和需要的

致母亲　　（法兰克福，1797 年 8 月）

最亲爱的母亲：

我很高兴，您获得了给我写信的动力。我正想要回复您前一封亲爱的信呢，现在已是双重地欠您了。您为布鲁姆谈论我们的卡尔喝彩，我特意加入了这一快乐。我肯定，我的兄弟的头脑和天然的品性所缺少的，仅仅是在这个活跃的圈子里展现其最优秀方面的机会。您应当充分地信任我的评判，如果我对您说，他不是一个平常的庸碌之辈，他以某种在他内心更容易发展成长的勇气和耐心，致力于达到一个并非每个人都能达到的阶段。

您问起我的关系，问起我的交往，我的希望。尽管以我的方式，每一个关系都会堆积所有的困难，但是我眼下并不寻求任何别的方式；我清楚地知道，每一个我可能投身其中的别的状况，就您所做的评判，都不会有您完全的喝彩，正因为此，我可能寻求和愿意寻求的每一个职位，都将需要一个成熟的人，而我现在还不是。我可以对您说的我的最新的交往，是我与席勒的关系，似乎有一个短暂的破裂，通过他那一方面最适宜的表达重又温暖，就像现在，开始了勃勃生机。我的希望十分不确定，我不希望有别的想法。自由和安宁是我寻求和需要的唯一，我希望我能找到。——我遗憾的是，最亲爱的母亲！到祖国拜访，您与我最亲密地快乐在一起，却是不能实现的。我不知道，明年复活节我是否会和我的小学生一起，为了练习法语，必须到日内瓦去，我那时会经过符腾堡，那样的话，秋天的一次旅行很轻易地就会延期。就这个愿望，我认为必须从经济上考虑，暂时拒绝舒适的享受，而是把它推迟。我会给我的亲爱的妹妹写信。善良的费莱森的悲惨命运我已经知道了。我特别地同情他的家庭。——我希望，您会从改变您的住所这样的不舒适的境况中缓过来！我愿意给予您的只有安宁、宁静和安定！——我很愿意照看代理的事。我还要写很多的信，我请求您这次就原谅我吧，向我的尊贵的外祖母致以一个年长的外孙衷心的祝愿！

永远是——

您的

弗里茨

尽一切努力，把受限的因素化为积极的元素

致弟弟[1]　　（法兰克福，1797年9月20日）

给卡尔寄去孩子们[2]感谢他寄给他们礼物的信。这样的信已停止；今天他们要写新的信。

美好的秋日让我健康舒适。我仍与我的小学生一起单独住在花园里。家里的人因为博览会都去了城里。清爽的空气和怡人的光线，是这个季节里独有的，宁静的大地以它浓郁的绿色，以及它正在枯黄的绿色，还有果树上透出果实微微的光亮，云彩，薄雾，纯净的星空的夜色——所有的一切让我的心近乎大自然任何一个生命的周期。它是这个季节里一个安宁、温柔的精灵。

诺伊菲尔刚刚来拜访过我。我们一起度过了真正满足的几天。他的真心诚意和热情爽朗是给我们的一剂良药。

你对自己的工作如此勤奋，亲爱的卡尔，我觉得应该受到赞赏。并非我们做什么以及我们如何做，也并非材料和状态，而是如何处理这些材料和状态，决定了人的力量的价值。在人的每一个活动中都有一个完整性，在行为中也是这样。就像鱼在水中，鸟在天空，每个人在人群中都有一个不同于别人的特性。人千万

1. 此信系节选和摘要。
2. 孩子们（Kinder），龚塔尔特家的孩子们，卡尔在法兰克福做客期间，给孩子们送了礼物。

不要认为，最同质的永远是最适宜的。理想的头脑尽一切努力，把经验的、世俗的、受限的因素化为积极的元素。假如他能够做到，那么他就是，也仅有他是，一个完整的人。

我要分享你的快乐和忧愁

致妹妹　　（法兰克福，1797年9月末）

亲爱的妹妹：

好长时间以来，我一直盼望着秋天在你的屋子里，在孩子们中间，与你，与你的朋友们，特别是与你的丈夫一起度过一段时间，再一次与你们生活在一起，我已经期待了很久了。我最高兴的是，当我与你们在一起，我能再次跟他认识。我总是非常尊重和理解像他这种性格的人。我希望能多次与他交谈，以他的平静和丰富的人的知识去上学。

我的亲爱的，你现在已经是一个完全的母亲，充满希望的母亲，我要分享你的快乐和你的忧愁。我不知道处在你的状况，还有哪一位女士更值得尊敬，如果我想到，你现在是什么状况，我在你面前将羞愧得无地自容。那是你对世界做出的真正美好的辛劳。那是最忠诚的牺牲，你已经使自己的经历如此幸福，因为我能够希望，你尊贵的健康将如我所愿，承受最小的损伤。

假如我能去拜访你，那将是怎样的幸福！但是现在是不太可能的，我在复活节很可能将要出发。从那以后，我肯定能到你那里，到那时，每一个快乐的瞬间将会实现，我将与你们畅谈。然后我们一起去你们的岩石地区，我们回想过去那些满足的日子，然后我们驱车前往乌尔姆和埃尔欣根，去看那些神职的绅士们，他们充满仇恨的面孔与那个神奇美丽的地方形成多么大的反差，我们驰往魏布林根，去看那些年迈的修道院修女，去往阿希，在那个蓝天下的小地方，我有一次在泛舟之后，吃过非常鲜美的鱼等等。

对不起，我的亲爱的，我没能从我们的博览会给你寄东西。我根本没有去看它。你不必为那些小事让自己名誉受损，我用它证明了我的虔诚。你的亲爱的孩子们怎么样？向所有的人代致我的问候和敬意。

你的

弗里茨

阅读康德给予了我对自由的意识

致弟弟　　（法兰克福，1797 年 11 月 2 日）

我的尊贵的：

我的躯体这么有效率，被一个心灵这么友好地接受，就像你的心灵一样，这对我有无限的价值。什么也比不上点滴纯洁的、坚贞的爱更让我宁静和温柔，正像人的冷漠和隐秘的压迫的企图让我处处谨小慎微，这是我能做到的，但是我的内心却一直在激起过度扩张的、无以估量的努力和激动。亲爱的卡尔！把我们所做的向一切事物铺展，当它以一颗宁静的心灵发生，为我们激活一点沉默的、永恒的火焰，作为一种君临一切的品格，我相信。我会在一切古老的经典著作中读到的，而且，将会越来越多。可是，当一个人竭力穿过拥挤的人群，周围的一切把他推来搡去，他如何能保持一个美丽的位置？但是当世界对他不断抨击，谁能将自己的心守护在一个美丽的边界之内？我们越是挑战，它就越是如一个深渊，在我们周围，向着我们张开大口，或者，社会和人的活动也以千倍的、某种无形的、无灵魂的和无爱的东西压迫、撕裂我们，而我们这边的抵抗必定变得更激越、更猛烈和更强大。或者，他根本不该如此？这就是你从自身经历的，我的亲爱的！外部的需求和渴望让你的心里汹涌着渴望和需求。你不知道，你与你的爱应该往何处去，你不得不因为你的财富而四处乞求。如果是这样，我们就不会被命运污浊了吗？我们就不必埋葬我们的天真无邪了吗？哦，谁知道如何帮助呢？假如你能保持积极，你能对任何物质的东西保持厌倦，那么很多事情就是好的。人们总是把一个完美的阴影置于眼前，眼睛一天接着一天欣赏着它。我曾经就以这样的心情阅读康德。这个人的精神离我很遥远，其整体跟别的任何东西一样，对于我是陌生的。但是每天晚上我都克服新的困难；它给予了我一种自由的意识；我们的自由的意识，我们的活动的意识，这种意识自身也表现出与更高的、神圣的自由的感觉有深刻的联系，同时也是最高的、完美的感觉。即使在对象本身，尽管它可能支离破碎，但是一旦引入了任何一种秩序，它即是完美的阴影。有些美丽的女性的心灵如何在她们井井有条的房间里发现她的世界？

在席勒的最新一期《年鉴》上，那首署名 D. 的《致以太》的诗是我的。可能你已经把它拿到眼前了，并且让你的心得到了一些满足。——你到崴欣根去一趟，找到赫尔菲·康慈，与他结识你肯定不会后悔，我认为，他一定会赢得你真正的爱。转告他我最衷心的想念，感谢他以我的名义向诺伊菲尔致以的珍贵的祝愿，还要感谢他友好地收下我的《许佩里翁》。告诉他，我只在等待第二卷的出版，以便给他呈寄全书，还要借着这本小书的机会，问问他我最放在心上的一些事情[1]。——我特别反对当前流行的口味，但是将来我也不会收敛一点点自己的顽固，我希望自己战

1. 很可能荷尔德林曾经请康慈写《许佩里翁》的评论文章。

斗下去。我想，就像克洛普施托克：

诗人们，他们仅仅在表演[1]*，*
他们不知，诗何为，读者何人，
真正的读者非稚子童蒙，
他更愿将男人之心体验，
而非表演。

《阿尔丁海洛》的作者海因策，在索莫林博士那里，激情昂扬地对《许佩里翁》发表了看法。

你的来信中需要我回复的其他的事，我一定会在下一封信里很快就回答你。我现在有这么多要写的。如果有什么订单要支付，千万不要担心。我如何能够永葆青春，而你如何永远比我少一点点。你对于我永远真诚。因为我们是兄弟，即使我们不这样称呼。

你的

荷尔德林

1. 这是克洛普施托克的箴言诗《金玉良言》（Ganz gute Bemerkung），荷尔德林在引用时做了改动，第二行开头原文为 Verstehen nicht（不懂得），第四行开头原文为 Er mag（他愿意）。

幸福是在辛勤耕耘之后

致母亲　　（法兰克福，1797 年 11 月）

最亲爱的母亲：

假如我这么长时间才给予答复，您不必感到惊奇。有这么多的各种心情，让沉默成为十分必要。如果我现在已经写了，在这一刻我感觉到，因为我的关系，已经陷入了形形色色的杂事之中，我几乎不可能拯救自己的性格，而我的更好的力量，假如我已经写过和说过，看上去我的状况如此有利，但是从很多方面对于我真正的兴趣是如此不利，我必须宁可选择一个更安静的生活，假如它的外表，比之坚持一种表面上舒心的状况，看起来也并不是更适宜，而我的灵魂对安静的意识和不受干扰的活动也不允许我这样——假如我已经这样写了，您是如何接受它的呢？您的答复是什么呢？然而我有充足的理由来这样写；它从另外的方面让我感受到重压，以这种方式让您有一个阴郁的时刻，在您面前又出现那个旧的不满足、不安分、不耐心、不聪明的人。我不必为一封信犹豫不决，表面上对您说，某些事我心里很清楚，您知道，这后者并未引入到我们中间。

您问，在当前的情况下，我正在写的我的想法，那究竟会是什么？假如我诚实地说，那我必须对您说，我内心在跟自己冲突。一方面，我的敏感的性格遭受着如此多的矛盾的表述，几乎难以立足，而我的精神的最最正直的需要是离开一种状态，这里形成了支持和反对我的两派，一个几乎要让我激情澎湃，另一个则让我总是垂头丧气，阴郁沉闷，有时还有某种苦涩。整整两年，我坚忍不拔的命运就是这样，它也必定如此，我在最初的几个月里不可避免地预见到了。最好的当然应当是，保持安静和距离，让双方的关系尽可能都保持平常。但是，一个人如果有自己的屋子，而没有特殊的关系，人必须保持经常性的交往，那样固然一切顺利。您可以想象，人在我的状况中不可能永远遵循理性，人必须对这种关系敬而远之。但是多多少少我不得不把自己置身于形形色色的遇见之中，这在某种程度上是每个人都要经历的，他们要在这里尝试与我建立关系，并不知道如何让自己全身而退。现在我重复一下，假如我有必要把我两年来的经历继续下去，那么，多多少少我将不得不为我的性格和我的力量受苦，那么，看来选择另一个不那么让人分心的关系就成为我的责任。例如，我可能体验一种远远不那么冲突的方式，就像斯图加特的诺伊菲尔那样，在这里或者曼海姆，或者在一个别的大城市，在各种不同的家庭里授课，在此这已很经常，一个家庭教师以这种方式改变自己的状况。我也将赢得更多自己的时间，收入也能满足我的生计。——但是从另一方面，要在某个程度上把自己保持在好的和强大的状态，到处都是很难的，人们已经认识这样的状况，并且已经有一点学会运用，总是平平常常以一个陌生人出现，在新的地方再一次重新开始，端正我们周围的事情。然后，我生活其中的人们，我是不能平平安安地与之分离的，以一种温和的方式一起向前也十分困难，至少我眼下还不知道如何开始。然后是我很不愿意离开我的孩子们，部分是因为我真心诚意地很爱他们，部分是因为我逐渐地习惯了他们。然后，改变状态给我现在极不愿意中断的工作带来一些干扰。但是这对于我特别美好，因为我害怕会打扰您。于是现在没有任何别的可做，除了利用一切艺术和谨慎，不让我生活的社交圈子的干扰过于影响到我，而是安静和坚定地立足于我自己的存在。首先，我必须牢记在心，生活是一所学校，那些安宁和真正幸福的时刻仅仅是一时的。也许，现在我们的屋子里是安宁的，这一年里，我们几乎不断地有来访，节日，而且天知道！以及一切等等，我的卑微总是在最糟糕的时候不翼而飞，因为，尤其是法兰克福这个地方，家庭教师到处都是一辆车的第五个轮子，因此，适宜也必定存在。阿门！我不知道，我再一次给您唱的这首诉苦之歌还要写多少页。人们必须想到，属于有教养阶级的荣誉，人必须为之付出某种痛苦。幸福是在辛勤耕耘之后。但是您不要为此感到不安，最好的母亲！只要您不再担心我的存在在命运中遭受苦难，它本来不应当发生。我不应当完全沉默。为了要对我的现在和将来做出评判，您也必须知道，我的状况的必要性。

我给您和亲爱的外祖母大人寄上围巾，我相信，这是符合您善意的要求的。给亲爱的妹妹的是发套，为的是把头发扎在里面。在这里人们常常戴这个。这里流行的样式，在布劳博伊伦人们也是知道的。等我为她找到更合乎礼仪的，您也会喜欢的。为妹夫先生，我很随意地附上了几块做靴子的英国皮革。靴子都是用平常的皮革做的。但愿他不要笑话我。

我立刻就给格罗宁根的亲爱的弟弟写信。这个星期还要给亲爱的妹妹写信。写给最亲爱的母亲您的长信，花费了我很多时间。

向所有的人致以一千次衷心的祝愿。

您的

最忠实的儿子

荷尔德林

那些激发伟大人物的品格，正是你的性格特点

弟弟致荷尔德林[1]　　　　（格罗宁根，1798年1月1日）

……

我已经多次把你的性格与卢梭的性格进行比较，我相信，你肯定必须承认，你的性格更得到我们的喜欢。对宁静的大自然的爱，对最纯正的真理和真实的自由的爱，这些激发伟大人物的品格，这些正是你的性格的特点，但是也有那种烦躁不安，那是为感觉而创造的内心生成的结果，它回报了那个好人生活中那么多时间，那是你的生活，不幸的是，它仍然会给予你很多忧郁的时刻，只有在与诚实善良的人的交往中，在享有自然和艺术的快乐中，这种时刻自身才能减少。……

你要开始创作的戏剧[2]进行得顺利吗？

辛克莱让他代致敬意。

---

1. 此信系节选和摘要。
2. 荷尔德林在1797年8月给弟弟的信中提到“一部悲剧的计划”，但此计划至1798年末才开始实施。

您已经为这个世界做了您应该做的一切

致母亲　　　　（法兰克福，1798年1月初）

尊贵的母亲：

我真诚地抱歉，您因为我的缘故而担忧。我为此曾经非常希望，您把我的上一封信权当是完全真实的，也就是说，那是对家庭教师生活丧失激情的表达，当它多多少少到处都这样，您还可以进一步把我的故事看作为我必须告诉您的我的真实情况，因为，如果有什么发生变化，您就会认为我的行动原则是没有根据的。您不可能希望，任何一个人在任何条件下都保持一种状况不变。

此外，您可以相信，我绝无必要，也不会离开我曾经理解并且尽可能适应的一种状态。但是我真诚地抱歉，最亲爱的母亲，您至今没有收到我生活很好的消息，那个消息我通过亲爱的卡尔，而没有直接告知您，显然，您还没有收到我的前一封信。很可能那封信在我的弟弟那里耽搁了，因为我给他寄了一个包裹，那肯定是在慢吞吞的邮车上运送的。我给您的一封信延迟了这么久，原因也是这个。我想给您写很多，可是我找不到合适的时间，因为我也相信，通过亲爱的卡尔，您已经安下心来，我的意思是，我又可以等待一个舒适惬意的时间了。

我的亲爱的妹妹的幸福对我是无限值得的，我也如此崇高地珍视这个美好的荣誉，它对我是如此之新，被这样一对尊贵的夫妇称呼为教父并且成为他们的孩子[1]终生的朋友。

您现在就享受这份完全的快乐吧，它是一个值得珍贵的女儿天真烂漫的外孙和家庭的幸福给予您的心的，不要再让您的安宁因为对儿子的思念而受到打扰，他一直就在外生活，并且必须生活到他自身的品性和他的外在环境允许他，直到无论在何处，他的心和他的观念都如同在家一样。

我请求您，您让这一年成为您的安静的一年。您已经为这个世界做了您应该做的，您可以满足了。您已经体验了这么多，特别是在最近的时间，大的是能够相信并且在内心保持活力，在细节上以及在整体上，在风暴之中永久地保持一个良好的、坚韧的精神，一个和平和秩序的精神，为此仅仅赞同一个战斗中的、苦难和死亡中的精神，为了引领所有的一切在所有的地方，通过生活的不和谐音，走向一个更高的和谐。这也是我内心的信仰，在这个信仰中，在这个观念中，我祝愿您有一个美好的新年。祝您生活快乐健康！您不要因为我长时间的沉默而操心。

您的

忠实的儿子

弗里茨

1. 荷尔德林的妹妹于 1797 年 12 月 22 日生下一个男孩，取名弗里茨。

一个有深刻体验的精神是唯一的

致妹夫布罗英林　　　　（美因河畔法兰克福，1798 年 1 月 10 日）

最好的妹夫先生：

我并不很自信地对您说，现在通过一根新的纽带与您相连，我是多么重视这件事。您相信吗，允许我被称为您可爱的孩子的教父，对我有多么重要？您给予了我一个特别的权利，允许我在精神上参与您作为父亲的操劳和父亲的快乐，这对我又是一个新的、热爱生活的理由，您以这样的方式让我的感觉朝向一个纯洁的存在，它现在正朝着命运和生气勃勃的世界生长。我把他的洗礼作为我们相信这个孩子未来的人之尊严的一个证明，也是我们希望的一个证明，这个神圣的、尚未发育的生命将会成长出他自身的感觉，和别的存在的感觉，有生命力的神性的感觉，我们在其中生活和存在，真切的基督的感觉，即我们与父原为一[1]，在这种想法中，我愿意与别人一起把这个可爱的孩子拥抱入怀。

那位勇敢的产妇现在也应有她的快乐。她也非常珍视她的幸福。我特别希望能够向她表明，我有多么珍重和爱她。我还有一个想法，想去拜访您的尊贵的家庭，只要我的想法与其他我必须

1. 见《圣经 · 约翰福音 10:30》，原文为“我与父原为一”。

做的考虑结合起来，我将实现我的愿望。

那样，最尊贵的妹夫先生！您的准许将使我的愿望得以实现。我已经如此广阔地学会了尊重命运，一个有深刻体验的精神是唯一的，为此，我仍然愿意到学校里去。我越来越感觉到，我们的工作与生活与各种在我们四周活动的力量如此紧密地依赖，不可分离，那么当然，我长久以来没有充分地考虑到要从自身汲取力量，而它的专有性，假如也是最普遍性的，就会被盲目地扔给对象。假如您有时候通过一封信补偿您个人交往的损失，那我将对此十分赞赏。

您的前一封信我至今未收到。请允许我，为那个小孩子附上我小小的快乐的一个记号。在需要与您达成一致的所有事情上以及为您的家庭做出奉献时，请告知我。

下次有安静的时间，我将给我亲爱的妹妹写信。请以我的名义亲吻那个可爱的孩子，以及其他的人。

您的

最忠实的妻兄

荷尔德林硕士

您最真切的话语让我整个的生命受益匪浅

致母亲　　（法兰克福，1798年3月10日）

最亲爱的母亲：

成倍的工作阻碍了我更经常地写信。一封在额外的几分钟里写的信几乎就是根本无价值的、给邮差的报酬，以及外表上的冰冷和草率，比纯粹的沉默略多，正如我说的，我常常缺少安静和时间来写一封信，为了向您更清楚地证明我一直不变的孩子般的态度。

当然这是我自己的歉意。我必定如此经常地盼望您亲爱的来信，您最真切的话语常常让我整个的存在受益多多。但是也许很快您将有一段时间亲身的教诲使我感到幸福。我与我的小学生一起去瑞士的旅行，可能想要放弃。对此至少再也没有谈论过，那些地方的不安定无论如何是一个充分的理由。

但是我已经说过一次临时的访问，那是我自愿要访问我的家庭，人们对我没有任何异议。旅行的费用我将尽可能为您和自己节省，将不会很贵，相反，我将会以此为自己赢得感情和健康。

假如我在法兰克福居住的时间不再延续很久，动用我很小的积蓄将是不明智的，因为无论如何，改变我的住地花销是很大的。

我现在比前一段时间重又健康了，那时候我头痛得很厉害。

春天对每个人都是好的，假如我能够与亲人和朋友们一起享受安宁，我也会彻底地好起来。您在布劳博伊伦与您的小外孙在一起，一定会给您带来很多快乐。那是一个可爱的地方，您必须以我的名义吓唬好妹妹，她必须留我住几天，假如我的短途旅行就要成行的话。我的访问总体上不能超过十四天，因为这次旅行几乎只持续十四天，超过一个月我是不能承受的。我是否带着我的小学生[1]还没有定下。我不久会给布劳博伊伦写信，假如我没有太多阻碍的话。

假如我到您那里住几天，不会给您增添麻烦吧？您至今还没有告诉我，我应该到哪个地方去找您的新住处。我非常好奇地想知道，我可以在哪里向您介绍我自己。

我今天还要咨询一下发套怎么戴上，然后把戴的方法给亲爱的妹妹附上。我把那个忘得一干二净，否则我早就为此操心了。

……我很快再给您写信，最亲爱的母亲！我手头有太多成堆的事情。您生活幸福。

您的

弗里茨

1. 小学生（Zögling），亨利 · 龚塔尔特，苏赛特 · 龚塔尔特的长子。

我不愿意涉足那个布道坛

致母亲　　（法兰克福，1798年4月7日）

最亲爱的母亲：

您可能会觉得奇怪，您得到的不是一次拜访，而是一封信。但是障碍重重，带着我的小学生也是我的障碍，因为我实在不能与他分开而不违背我的准则和我的感情。假定现在目不转睛地看管着他，对他是不必要的，我也不能怀着一颗平安的心离开，因为我不在他身边的时候，他可能会荒废学业。

我没有尽快写信告诉您，也正好向您说明了，我的旅行还在犹豫不定。

说不定很快就能找到一个更加有利的时间，让我再次见到我尊贵的亲人们。我已经习惯于对一个不可行的愿望灰心丧气，所以，假如环境要求我这样，我也会把一整个冬天都让我兴高采烈的项目完全放弃。

您将会有真正快乐的节日。想到那个我也感到高兴。只要符腾堡的动荡[1]让您不安和担忧不再干扰您，但是我想，会好起来

1. 动荡（Unruhen），受瑞士人民起义的影响，符腾堡发生动乱。

的。只有当符腾堡的那些绅士代表们在拉施塔特[1]多展现一点勇气和精神，少一点心胸狭窄和投机取巧，尤其是那些决策的人。可是主给予他的子民的却是昏昏欲睡。那些动荡将不会太可怕。假如您害怕那些农民过激并且没有法纪，人们知道怎么拧住他们的脑袋。

至于我将来的生计，您用不着害怕，最亲爱的母亲！我肯定再也不会落到成为您的负担的那种境地。我只请求您思考一下，现在我们已在一个时代，人们不再出于爱好或者出于温柔之心，把这种或那种维生的手段看作唯一高尚的、真正的、适当的。假如我什么也不曾教育自己，除了在布道坛上挣得自己的面包，而那个坛是我不愿意涉足的，因为它被过于骇人听闻地亵渎，假如我把青春的力量用于别处，那么立即就会与我的生计有一点冲突。但是我想，我不至于落到这个地步。

我这个星期还要给妹夫先生和亲爱的妹妹，还有卡尔写信，假如在这之前我在博览会上能找到点什么。然后您也应该收到一封信，最亲爱的母亲，比这一封略微简短。我这次将根据自己的喜好在博览会上为您找点什么，因为您没有很认真地对我说过，什么是您最喜欢的。

向所有的人致以衷心的问候！

您的

弗里茨

1. 拉施塔特（Rastadt），德国巴登 - 符腾堡州的一个小城，在反法同盟战争期间，曾在此举行过第二次拉施塔特大会，讨论德国的地图改变之后，如何给失去莱茵河左岸土地的王子们以补偿，那些土地被法国攫取。

分离得越久，重新相聚的时间就越幸福

致妹妹

（法兰克福，1798 年 4 月中）

最亲爱的妹妹：

我本来应该更早给你写信，跟您谈谈，我盼了一周又一周，却没实现。遗憾！这落空了，我本来应该明显地预见到，我的状况会阻碍我实现，可是渴望见到你们又让我视而不见。主要的原因是，我不能放弃所有的金钱，以摆脱我的关系的束缚，一旦要发生变化，至少要攒够某些东西，足以应付开始的需用。现在还有别的原因，比如，我不能把我的小学生扔下不管，我那样做并不是没有困难的，所以，我最终决定，拒绝一个快乐，我整个冬天好多次都在为它欢呼。

人分离得越久，最亲爱的妹妹！人重新相聚的时间就越幸福，我们都有那美好的愿望，重逢时发现对方都更好、更健康。

你一定会非常高兴，能够在你的美丽家园和社交的圈子里，安安静静地享受这个春天。你的幸福是真切的；你生活在一个没有很多富人，没有很多贵族，几乎没有很多独裁者的氛围中；你所在的一个社会，我以为，黄金的中等富有就在家里，可以找到幸福和安宁和心灵和纯真的感觉。在这里你见到的，除了少数真诚的人，只有恐怖的讽刺画。对于多数人，起作用的是他们的财富，就像新的葡萄酒之于农夫，因为他们都如此愚蠢，欺骗，粗鲁和自大。但这在某种程度上也是好的，人们在这种人中间学会沉默，这样的人不少。

我寄给你一把从当地的博览会买的、带一个小香瓶的大扇子。因为我过于节俭，不能给你寄什么丰厚的东西，只能寄给你某种有点可笑的，因为这个与另一个都意味着某件东西。

请你的亲爱的先生原谅我至今未给他写信；给他写信我很愿意花上一个小时，我可以集合所有的一切，那是我们并不经常有的额外时间。

问候你的亲爱的孩子们。克里斯蒂安现在一定已经长得很大了，我的少女新娘海因莉克[1]一旦定亲，会发现我真的是单身。那位最小的宝贝健康和强壮吗？

生活幸福，亲爱的妹妹！问候我们的朋友们。

你的

弗里茨

1. 少女新娘（Jfr.Braut），可能是荷尔德林的妹夫布罗英林与前妻的女儿海因莉克·布罗英林。

对每一个命运的预感，我们都能高兴和释然

致母亲　　（法兰克福，1798年4月中）

最亲爱的母亲：

您这次将分心极短的一小会儿。确信会得到您的谅解，我已经给另外两位写了信，假如我不一直等到邮差离开，那我将一点点时间也不剩下。为您亲爱的关切的来信，我以一颗充满快乐的心向您表达感激。您已经给了我这么多，通过您的母爱，您总是给予我这么多，我只能做出更多的奉献，为您尊贵的生活向您欢呼。

我非常担心，您这次的迁居不要让您有任何不舒服。您想想，最亲爱的母亲，迄今为止，我已经进进出出多少屋子了，您相信吗？每一次变化，即使那些最微不足道的，假如人们不能以某种平静和坚强来看待它，都带来痛苦。我现在越来越多地看到，因我们对每一个命运的预感，我们都能高兴和释然。谁不想要受苦，就一次也不会受苦，这在一千种情况下是对的。那当然是一项工作，直到人们学会稍稍冷淡地看待外部的千变万化，并且任何一种兴趣赢得了任何一种好心情，它在任何情况下都不变。但是人们有如此之远，他之所有，就像一个人所能期待的一样多。

我们亲爱的外祖母大人在做什么呢？在这么美好的日子，您们一定是常常在一起散步吧。

您请求我的作品之一？我非常感激您操心我的写作。下次写信时我附上一些什么吧。

请您告诉我，最亲爱的母亲，您想让我从博览会上给您寄点什么。我对那些东西懂得很少。但是我请您给我指点几样。否则的话，我不管您要什么，就给您买一堆寄来。

您生活幸福！

您的

弗里茨

我们理性地思考和行动，但并非一定要分享

致母亲　　（法兰克福，1798年7月4日）

最亲爱的母亲：

我猜，您现在格罗宁根，所以信上的地址写的是亲爱的卡尔的。您可以完全相信，他的工作因为糟糕的健康状况而困难重重，我是多么揪心，但是我为他高兴的是，您在一段时间把您的社会联系给予了他。

您是完全对的，我疏于写信，造成了一点弊端，我将真正严肃认真地思考这个问题，并且未来以一种美好的责任不让事务和干扰如此经常地阻止我写信。我对您有这么多歉疚，我应当通过给您写信带给您小小的快乐，虽不太经常，但尽可能地加倍给予您。为这唯一的目的，我必须请求您，最亲爱的母亲！假如您在我的信里，不能一如既往地看到同样的生气勃勃，您不要感到惊讶，因为那完全取决于我们理性地思考和行动，即使我们想要那样，但是我们并非一定要分享感觉。您将会发现，您自己的心上也经常有更多的疲惫和封闭，也经常更加蓬蓬勃勃，想要有更加温暖的表达，而假如有人说你漠不关心或者缺少爱，您会认为那是一种不公平的责备，因为您的心并不总是清醒的。您也相信，当我设法让自己更加封闭和枯燥，我会常常为此高兴，因为那样

人对世界的适应更好。

您尽可能经常地再给我写信，就像善良的卡尔那样；假如他没有适宜的时间和心情，他才不亲自给我写信呢。他的信给我无尽的快乐，但是我还是喜欢拖延一下，让这个快乐由他付费。假如他重新恢复了健康，我将会提出更加严格的要求。

您不要对我亲爱的弟弟的健康太过操心，您和我一样希望，他的良好的品质很快就会有帮助的。代向高级官员[1]致以敬意！

您的

最顺从的儿子

荷

为漂亮的礼物向亲爱的外祖母夫人和您致以我最衷心的感谢！

1. 高级官员（Oberamtmann），荷尔德林的亲戚布鲁姆。

我已经遭受了这么多，现在处之泰然

致妹妹 （法兰克福，1798年7月4日）

最亲爱的妹妹：

我要向你说全部的感谢；为你亲手做的礼物，为你的来信，为它的长和它的内容。我收到信并且阅读之后，拿着它去散步，想要再读一遍，所以我把它放在口袋里，因为我对它已烂熟于心，并对你和对你给予我的真挚感情想了很多，为的是有空再读一遍。亲爱的妹妹！生活给予我各种各样的经历是有好处的，我越来越深地珍惜每一次参与。我常常看见田野上的羊群，当风雨交加电闪雷鸣，它们总是聚集在一起，互相紧挨着站立，就像我们。人在世界上越是老成和宁静，就越是坚定和快乐地保持一种经得起检验的情感。这也是很有必要的，因为，当一个人看到，别的东西都那么渺小，他才能正确地理解和衡量他的拥有。

我的尊贵的！对那些微不足道的小事就不要说了，我正要用大得多的幅度表达我对你的想念和我的愿望。我请求你，以平常之心，以一种纯真的快乐对待之，当我沉思，这些事情哪些方面适合于你，因此可以与你以及心里认为是你的一起来处理。

当你说到感谢，不久以来我已经欠你多少感谢啦。相信我，那些没有自己的炉灶，总是生活在陌生人中间的人，就知道那是值得珍视的，不要忘了，他还有一位朋友，或者一个母亲或者一个姐妹在屋子友好地迎接他。在你的屋子里度过多少自由和快乐的日子？——

亲爱的妹妹！你可能不会感觉到，一间屋子的价值是多少，就像你的屋子，里面有亲爱的你的丈夫宽厚的精神，还有一颗像你一样的心守护着。你是幸运的，当你说到，奢华世界多么令人沉闷和沮丧，你还会更多地感觉到，不仅对于我们，对于那些在其中生活并似乎从中获取很多的人来说，也是如此，他们不能正确理解的隐秘的悲哀，也牢牢攫住他们的灵魂。

在人们面前奔驰而过的骏马越多，他把自己闭锁其中的楼宇厅堂越多，围绕他身边的仆人越多，他把自己藏在金银之中越多，他就越深深地把自己埋进坟墓，他在那里面半死不活，别人再也听不到他的话语，他也听不到别人的语音，除了他自己和别人制造的噪声。那个自得其乐地制造了这个悲喜剧的唯一的人，就是这样一个自我欺骗的人。

假如我有一双巨大的眼睛，能看到世界的光明！我将会更幸福并也许是一个敢于承担的年轻人！但是我不会给人以深刻的印象，假如我的品格和天分不会令人肃然起敬，因为这些都是世界上稀罕之事，可惜我在世界上也是如此罕见的卑微，似乎它本该如此。既然我已经遭受了这么多，我现在处之泰然，尽管那不是一种适宜的方式。——

我必须停笔了，因为邮差要走。代我向你亲爱的丈夫致意。向你的孩子们致以我所有的问候，对每一个都用他最喜欢的方式。一旦少女新娘开始涂写，我们两个之间就必须建立一种温柔的通讯。——

代向法伊尔博士致以衷心的问候。我欣赏他的爱好，假如他乐于那样，我更为他高兴。

你的

弗里茨

劈波斩浪，勇往直前，无畏的泳者

致弟弟　　（法兰克福，1798年7月4日）

你也跟我学会了写信的羞怯，亲爱的卡尔！但是我将给你一个好榜样，并在收到你对我大概在复活节写的信的回复之后，再给你写信。亲爱的母亲写信给我，你身体不太好并且为此还有很多业务。那我就能很好地想象，你对于写信有多么不喜欢。凭着青春之力，人常常很难有足够的思考和耐心来做十分必要的事情，生活有时是如此纷扰和虚弱，在每一个方面，任何时候都比不上从青年到成年的过渡更加糟糕。我相信，别的人们以及自己的品性使得一个人有这么多要创造，比别的生活时期多得多，这个时期其实是汗流浃背、怒气冲冲、失眠焦虑和脾气火爆的时期，也是生活中最苦的时期，就像五月过后，一年中最不安宁的时间接踵而至。

但是人像其他的一切一样，酝酿着成熟，而哲学对此所关注的仅仅是，这种酝酿尽可能无害地、可以承受地并且尽可能短促地经过。——劈波斩浪，勇往直前，无畏的泳者，永远把头高高地昂起！兄弟！我也受过很多苦，太多的苦，比我在你面前、在任何一个人面前说得都多，我仍在忍受更多更深的，但是我认为，我身边最好的东西并未消失。在第二卷[1]里，我的阿尔班达说："有生命之物是不可毁灭的，它自由地保持着它最深藏的奴仆的形式，它保持为一，假如你把它彻底撕裂，假如你把它击碎至其核心，它实际上并未受伤，它的本质在你的手下胜利地逃亡。"这多多少少适用于每一个人，而首先适用于那些真挚者。我的许佩里翁说："我们仍然处处有快乐。真正的痛苦令人激动。谁要是陷入了苦难，他就站得更高。在痛苦中的我们真正感觉到了灵魂的自由，这多么好啊。"生活幸福，最好的，尊贵的！快给我写信！想想吧，我对你忠诚，就像你对我！哦，坚贞如你，持之以恒！爱祖国，也爱我。

荷

你可能会收到我的孩子们[2]的信。

1. 荷尔德林此处引用的系《许佩里翁》（第二卷）最终稿的未保存下来的手稿，书出版时这些句子有变化。
2. 孩子们（Kindern），龚塔尔特家的孩子们。

我在精神上与您一起快乐

致母亲　　（美因河畔法兰克福，1798 年 9 月 1 日）

最亲爱的母亲：

您可以想象，您最近寄给我的所有亲爱的信，加在一起必定多么让我高兴。我特别要感谢您的善意的邀请。您知道，假如我能再次与我的尊贵的家庭并在您的真诚的陪伴中生活，最亲爱的母亲！我的收益一定会不断地比您的更高。但是我也清楚地懂得，要把自己放到一个必须的位置上，我决定这一次再次推迟已经定下的拜访。我的亲爱的小学生这个夏天大部分时间都在发烧，所以我必须把我的课程比平常缩减后教授，而现在必须利用一切时间，把耽搁的课程补上，而我自己的工作也有某些急迫，因为只要他还在生病，我几乎一整天都离不开他，好在他的病已经不那么危险，但是我的心情和我的精神却不能释放。所以就我自己来说，也必须待在家里。我想，最亲爱的母亲！我们早早晚晚一定会再一次真正幸福地在一起生活！

请您相信，我在精神上与您一起快乐，因为您有您亲爱的宾客，所以我离开时也不会两手空空。

我很惊讶，蒂宾根的人要把图书管理员朔特先生擢升为教授，因为这在某种程度上是需要的，一个在这个岗位上已经享誉国外[1]的人，因为这个研究机构没有多少外国人来访，它对于学生的教育和大学的经济状况也都是必不可少的。正是因为这个原因我感到惊讶，为什么人们把谢林错过了。年龄跟这毫无关系；因为他的声誉日上，仍有必要提高一大步，假如谢林得到强大的激励，利用他全部的力量和敏锐，他会给这所大学的荣誉绝不是一点点的。有关他的意见我自己有好几次跟他吵架，但是我总是在他错误的论断里发现一种非同寻常的彻底的和尖锐的精神。但是我在这封信里对此还是省省吧，在妹夫先生那里再来谈论这位年轻的哲学家。

哈尔特的故事很令人生厌。

代向外祖母夫人致意，向布劳博伊伦致以多多的问候。

一如既往的——

您的

忠实的儿子

弗里茨

1. 国外（im Ausland），指符腾堡以外的地方。由于那个时代德国的分裂状态，人们习惯于把本地称为祖国，而把本地以外的地方称为外国。

我带着疲劳和忧伤离开了我所教的孩子们

致母亲　　（赫尔山前的霍姆堡[1]，1798年10月10日）

最亲爱的母亲：

您纯粹的真情美意，让我在您上一封亲爱的信里再次感到由衷的高兴，您对我的健康部分正确的担忧也让我希望，您不会反对我早就准备好改变自己的处境。

我必须首先向您表明，我目前的处境是经过多么肯定和多次的考虑衡量，假如我列举那些迫使我经过长久的犹豫和很多耐心之后，不得不离开我目前处境的理由，您会在这封信中发现满意而不是反对的原因。

通过作家的工作和用我的薪水节俭地生活，我在法兰克福居住的上半年积攒了500个弗洛林。我相信，有500个盾，人在世界上的任何一个不像法兰克福那样贵的地方，至少在经济上过一年是完全有保证的。因此，我有充分的权利，通过一种更加安静的生活方式，把因为我的职业和我自己的工作而必然会受到损害的健康和体力予以恢复，但不经过努力想要实现这样的生活方式也是不可能的。——为此，我的朋友，对我在法兰克福的情况相

1. 赫尔山前的霍姆堡（Homburg vor der Höhe），邻近法兰克福的一座小城，全称是黑森—霍姆堡（Hessen-Homburg），当时霍姆堡的旧城和宫廷建在一座小山（Höhe）上。

当了解的霍姆堡的政府顾问辛克莱，迁到霍姆堡他那里，他提供一点食宿，而我通过不受干扰的工作最终准备在社交圈子里谋得一个适当的职位。我拒绝了他的很多意见，其中有，以这种方式我可能会依附于他，这在朋友们看来是不体面的。为消除这种异议，他筹划在他的屋子之外安排我的食宿，我在那里可以住得特别舒适，不受干扰且健康，为房间、服务和洗涮每年付 70 个弗洛林。午餐将按照价格给予特别好的烹调，我每天付 16 个克洛泽。晚上我早已习惯仅仅喝茶和吃一些水果。（我有太多的衣服，那在法兰克福当然是必需的，可是要弄到这里，所以您看得出，我的储蓄能用多久。）

辛克莱的家庭由优秀的人组成，在我多次的拜访中，他们早就以好客的善意对待我，自从我真到了这儿，我受到了这么多的同情和鼓励，这也是我为我的工作和我的自由而撤回来的动因，丝毫也没有要孤独生活的恐惧。在宫廷，我的书[1]引起了一定程度的快乐，人们希望能认识我。侯爵家庭[2]是由真正高贵的人组成的，他们的态度和生活方式，使他们在他们的阶级里显得卓尔不群。出于谨慎和我的自由，我通常敬而远之，等待并且不去打扰。他们信任我，我仅仅就他们感到舒适的方面说说，可能在紧急情况下对我有用。但是，精神上丰富的、善解人意的真诚交往的是我的辛克莱。跟这样一个人在一起，每个小时心灵上都是另一种感受和快乐。您可能会想，他对我的工作和对我的性格必定

---

1. 荷尔德林的小说《许佩里翁》。

2. 侯爵家庭（Familie des Landgraf），霍姆堡的宫廷此时只有侯爵夫人卡罗琳娜、公主奥古斯特和她三个年幼的孩子。因为宫廷里常驻有法国军官，侯爵弗里德里希五世（Ludwig Wilhelm von Hessen-Homburg，1748—1820）移居法兰克福。

有某种影响。为了简短起见，我改在下一次给您说一些让您信服的事情，这个地方和我当前的状况如何成为我最真实的需要。为我将来的专业如何准备一个独立自主的状态，绝对是必须的，您自己判断，我选择的这个地方是不是适宜。——我向您承认，因为所有这些，我本来非常希望在我先前的状况中多待一段时间，一方面是因为我很难与我的善良、有教养的学生们分离，另外我也清楚地看到，我的状况的每一次变动，即使必要和有利，也会让您担心。还有，我也确实对它给我造成的操劳感到畏惧，我的教育培养与我自己的工作并行，那我可能会说，正是我对这些孩子的兴趣，不允许我以任何舒适的方式培养教育他们。他们对我的爱，我的辛劳付出所得的幸福的成果，常常让我心情愉快，生活变得轻松。但是那种不礼貌的高傲，每天对所有科学和教育的种种故意贬低，还有舆论，什么家庭教师也是仆人，他们不能有什么特殊的要求，因为他们做什么，都付给他们钱，还有其他等等，人们都用那种法兰克福的口音抛向我，那让我受伤，我越来越想要一走了之，有时候给了我一种沉默的愤怒，那任何时候对身心都没有好处。请您相信，我是忍耐的！假如那时候您相信我的一句话，那么，您也要相信我这句话！假如我对您说，这在今天绝对不可能继续这种状态，您将会认为这是过分夸大了；但是，如果您能看到，富有的法兰克福商人在当前的情况下痛苦到何种程度，以及他们如何让每一个依附他们的人为这种痛苦付出，您就能理解我所说的了。——我不想更多更确定地说这件事，因为我真的不愿意把那些人说得一无是处。——正是这些几乎每天都有的伤害，让我的职业工作和其他的努力变得难以言语地困难，假如我不能应之以同等程度的努力，真的让我对两方面都束手无策。但是那只能持续一段时间。前一年的整个夏天，当我完成了我的孩子们的课程，我不得不几乎游手好闲，因为我大部分时候过于虚弱或者疲惫不堪，不能再做别的事情。——用这样一种语调谈论我自己，我为自己羞愧，为对您的爱，为了让您相信改变是必要的，只有我才能理解。——我必须最终决定，与那些好孩子们艰难地告别，只有天知道！这么长时间，我带着多少疲劳和忧伤离开了他们。为了我的荣誉，我认为，让我的朋友们看见我，在他们面前时间长一点，并不美好，而是痛苦。我向龚塔尔特先生说明，为了我自己将来的目标，我有必要有一段时间让自己处在一个没有羁绊的状态中，我避免了所有过多的解释，我们礼貌地分别。我非常愿意给您多谈谈我的善良的亨利，但是，我不得不在我的心还没有过于软弱之前，把所有对他的想念从感觉中驱赶出去。他是一个优秀的少年，充满罕见的气质，在很多方面符合我的心。他不会忘记我，我也绝不会忘记他。我相信，已经在他心里打下了一个坚实的好的基础，他可以在上面继续建造。我高兴的是，我离开他仅仅三个小时，但是我可以不时地体会，他将会如何。——为把这封信送去邮寄，我必须马上停笔。请您用一封充满善意的信让我高兴吧。代我向布劳博伊伦致以问候。下次我也会给那里写信；一千次地问候亲爱的卡尔；要是可能，这星期也会有一封长信给他。外祖母夫人身体可否安康？请您向她转告我最衷心的致意。

我一如既往地以孩子的忠诚——

您的

弗里茨

我的地址：

荷尔德林硕士，居住赫尔山前的霍姆堡，格拉泽·瓦格纳先生家。

告知母亲旅行的计划

致母亲　　（赫尔山前的霍姆堡，1798年11月12日）

最亲爱的母亲：

我非常感谢您以这样善意的信任接受我改变自己状况的消息。自从我来到这儿，就与我的朋友辛克莱在每天安静的交往中生活。现在他因为侯爵的事务出发去了拉施塔特。他向我提出建议，在他旅行和在拉施塔特逗留期间与他做伴，我的朋友这样慷慨的允诺，让我几乎免费，并且在拉施塔特至少每天有部分时间我可以不受干扰地继续我的工作，那我就没有理由不利用这个机会进行自我教育，于是我决定，今天或明天与他一起做四个星期的旅行[1]。假如天气和道路不利，我可能从拉施塔特出发，步行前往纽尔廷根和布劳博伊伦，以便在此与我尊贵的母亲和亲爱的家人们一起度过久已期盼的几天时间。但是，假如我发现，路途太远，并且以我目前的经济状况旅行费用太高，那我至少约请亲爱的卡尔一起去纳沙泰尔[2]，去那里我们两个都不太远。在这种情况下，他可能要有几天离开他的业务，而高级官员先生在我的恳求下也会愿意的。当然，对于我，最大的遗憾是不能去纽尔廷根和

1. 荷尔德林在拉施塔特实际只逗留了一个星期。
2. 纳沙泰尔（Neuenbürg 或 Neuenburg），瑞士州名及其首府名。

布劳博伊伦看望[1]。——我会从拉施塔特给您和亲爱的妹妹写信，也给卡尔写信。在此期间，请您善意地向我亲爱的通讯者们致以歉意。

辛克莱让我代向您致以敬意。您对他有美好的信任，他十分高兴，他将会随时悉心地给予我关照。有趣的是，辛克莱的母亲已经指定我当她儿子的细心周到的陪伴，就像您让政府顾问先生当我的监护人一样。如果双方之间有那样的居高临下和恭顺臣服，那就谈不上多少友谊了。

请您向亲爱的外祖母夫人致以敬意。您在冬天不必再有那么昂贵的应酬，我从心里感到高兴。请代我问候其他所有的人。

您的

最顺从的儿子

荷尔德林

1. 无论拜访母亲还是与弟弟卡尔见面，都没有实现。

以您的忠告和友好的话语纠正我、鼓舞我

致母亲

（拉施塔特，1798 年 11 月 28 日）

最亲爱的母亲：

我八天前抵达了这里，这段时间结识了一些很有趣的人，甚至也有机会见到很多不认识的陌生人，他们至少在相貌和语言以及生活方式上形形色色，但是眼睛习惯了以后，就能在世界上看到越来越多的人。

我常常与我的同乡、领事秘书古切尔在一起，他对我十分尊重，我很高兴地发现，他是一个理智且精明的商人。

我遭受了没完没了的烦恼，前一个星期天气糟透了，前往符腾堡的徒步旅行几乎是不可能了。在这个周末我将再次从这里启程，所以我必须再次把我的愿望推迟，您可以理解，我是否如释重负。但是明年春天，如果我手头的工作能够完成，那么我再也不会食言，要与您和亲爱的家人们一起生活一个星期。

我希望那时候更快乐地与您在一起。现在我还在过去和未来之间摇摆，也就是说，我还牵挂着过去的那一点点消沉，让我有时候不愿意像我想要的那样充满希望地展望未来，而未来对于我，远在我的视线之外，我当前的目标却并不近得触手可及，而只能把屈辱的过去抛到九霄云外。——

我现在的工作应当是我在自己的道路上做最后的尝试，最亲爱的母亲，就像您说的，给予我自己一个价值；假如我失败了，我将会安静并且谦虚地在一个我能找到的办公室里寻觅一个最俭朴的职位，让自己对人们有用，我会把我的青春当作最平常的事情，也就是偶然发生的激情，一种自高自大的倾向，让我自己从我的品质属性和成长的环境所规定的圈子里脱离出来。

请您善意地把您的下一封信仍然寄到霍姆堡，地址跟上次的一样。最亲爱的母亲，您还像以前一样，以您的忠告和友好的话语纠正我、鼓舞我。代我问候外祖母夫人和所有的人！

您的

忠实的儿子

荷尔德林

附

最亲爱的母亲！因为我的建议让您如此不安，我感到惭愧至极，但是您自己看到，我对此多么无辜，因为我从未听说符腾堡的道路如此不安全。我以我最高的心愿请求您，千万对我放心，尽可能快乐地过好生活，因为您在您自身和外面的环境有这么多理由发现，把生活的悲伤和快乐混淆。它也让我如此意气消沉，于是我总是想，我其实什么也算不上，因为别的父母也常常如此夸赞他们的孩子。

多少次，我的心灵不得不哭泣

致弟弟

（拉施塔特，1798年11月28日）

最亲爱的卡尔：

假如不是因为我们心智和品性的相同而无限地和永恒地靠近，那我们就一定会变成陌生人；因为这一次，我们比任何时候都更长久地未能让我们美好的友谊获得滋养。但是众神，假如他们并未要求献祭，他们是为荣誉而要求。所以，我们必须一次又一次地向着神性奉献牺牲，它就在你我之间；它轻盈、纯粹，我们互相谈论它，我们还在亲爱的书信中赞赏那连接我们的永恒之物，但它在我们之中如此稀有，因为它发自内心或不是，它像很多东西一样，从笔尖源源涌出。一朵充满生命力的花的诞生，比一朵塔夫绸的花要缓慢得多，所以，一个生命力灵动的词语，在它訇然出世之前，要在我们的心胸长时间地酝酿跃动，它不会像人们从袖子里抖出来的杂物那样大量地涌现。因此，我不会说，我们的书信也不会是有关思想和智慧和杂七杂八的概念和事物；我们的书信是某种人们应当称之为一切有生命力的表达的记号，也就是，它们要说的，比表面上的多得多，因为在它们之中，有一颗心在跳动，它所要说的，在生活中未曾有过完整的表述。哦，亲爱的！什么时候人们在我们之中能清楚地看到，最高之力在它的表达中同时也是最决定性的，当神性显现，它绝不会是某种悲伤和忍受？当然，在决定性的战斗的时刻，它完全是另一个样子！可是，如你所见，对此在这里无从谈起。我不需要对你说，当我们彼此沉默，我改变我的生活的勇气是如何震撼。我在霍姆堡的生活，你将在我写给亲爱的母亲的信里看到。最好的！在法兰克福的、在最后的日子里，我多么想经常给你写信，但是，我自己把痛苦掩盖起来，我的心灵有多少次不得不哭泣，假如我要把它说出来。在霍姆堡，我要在我坚忍不拔的工作中重新找到我的安宁，当我疲倦时，我大部分是在辛克莱的圈子里生活。他把我作为忠诚的朋友对待。在他的建议下，我和他来到了这儿。各种各样的人聚集在一起。可惜的是，外交的精明把和颜悦色和愉快心情都紧紧地束缚，极少听到开诚布公的社交的表达。尽管大家都谨小慎微，但是法国人和奥地利人和施瓦本人，以及汉诺威人和萨克森人等等足以显得与众不同。

我非常愿意同你交谈，亲爱的卡尔！我也有过一个计划，至少邀请你去纳沙泰尔或者普富尔茨海姆见面，可是我想要利用的这段时间，因为糟糕的天气而错过，而这个星期我将重回霍姆堡。明年春天，如果我的工作完成，我将无牵无挂，我的心再一次做喜欢的事情，将在你们亲爱的那里度过几个星期。到那时，我将要漫游几英里，什么也不做，特别是在美好的五月的日子。那个快乐、美好、纯粹的生活的精灵将与我们两个一起，拥抱我们，激励我们！——

我现在这里居住所得到的实际收获，是几个才华横溢、兴致纯粹的年轻人：穆尔贝克，一个波莫瑞人，他现正在旅行中，在人与自然中，他不安分的心灵激励了一种勇敢的哲学作品，对此他仍在投入材料；霍恩，一个普鲁士的领事秘书，一个真正博学多才的人，既风度翩翩，也平易近人，有一个思考的头脑，对美和艺术有正确的见解；对照这个波莫瑞人，一个瑞典人——相当和蔼可亲的宁静，话语不多，自得其乐，在科学和语言方面受过多种教育，有男子汉的自傲和很高的心气，身材和容貌无与伦比；接下来还有一个风度翩翩的长者，来自杜塞尔多夫的战争顾问申克，雅克比的密友，一个纯粹、快乐、高贵的人，清澈并且思想丰富，他说话时，有明亮和快乐的激情，常常像一个年轻人，特别是讲到他的雅克比的时候，更是这样，在我们年轻人中间，他显得如此友好，我们真的越来越像组成了一个和谐的大家庭。

让我尽快再次听到你的消息，最好的！R.[1] 已经向我讲了很多你的情况，在他返回符腾堡以后也给我写了信，告诉我他受我之托去拜访你，以及如何找到你。不是吗，你也尽快给我写？来信的地址写：荷尔德林硕士 居住格拉泽·瓦格纳家 赫尔山前的霍姆堡。

这里的人们像从前一样期待和平尽快到来。我当然天天跟我们的同胞、领事秘书古切尔先生说话。他是一个通情达理的人。

现在晚安，亲爱的卡尔！

你的

荷尔德林

1. R.，不确定。

无所求的宁静，是一个高贵者的显著标志

弟弟致荷尔德林[1]　　（马克格罗宁根，1798年12月初）

这肯定不是你的真实意图，而你在他的时间已经从你的财富中给予了更多。——他托我向你致以很多衷心的问候。

康慈是一个可爱的人，他的无所求的宁静，是一个高贵者的确定的标志，使他成为很多人的朋友，即使那些人对他并不十分了解。

很遗憾，我只在邻近的葳欣根的一个舞会的嘈杂声中，与他有过简短的交谈，但是为了他，我下次将赴路德维希斯堡——

亲爱的母亲寄给我的信中包含着她给你的信，从信中你可以看到，给你推荐了在海尔布隆的一个家庭教师的职位。假如我不是特别乐意看到你目前生活的依附性，假如我不是非常希望为了改变我的状况，很快来到你的身边，那么，来到你身边几乎就促使我渴望着你接受这个职位。但是我更愿意你有安宁，而不是满足我的愿望，因此，我对这个建议也就失去了表述。

可是现在，我的亲爱的，你对我的交谈腻烦了，你将会看到，夜晚还将等待几个小时，把我从尘封的案卷中托举起来，让

1. 此信仅是片段。

我沉浸在对你——我的兄长的思念中。

你生活幸福，让我不久再次看到你的文字；向我们尊贵的朋友辛克莱致以问候，代我向他遥远的友谊致意。

永远是

你的卡尔

在一个更高、更纯粹的职业中生活

致母亲　　（赫尔山前的霍姆堡，1798年12月11日）

尊贵的母亲：

我在拉施塔特没再收到您亲爱的信，它转寄到我这里了。让我真心高兴的是，在我的亲戚那里，如我所见仍然有美好的想念，特别是您善意的关照和参与，最亲爱的母亲，让我真诚地感动，您定能想到，我要是迁居到您的身边，会有怎样的感受。为了能够安静地思考，我必须再推迟一些日子，对您给我提议的家庭教师的职位做出决定，因为我对自己的判断还不能完全肯定，就让它顺延一些日子吧，为的是能给您一个考虑成熟的答复。

我能给您说的最令人信服的是，事情经过一年之后，我将会进入一个难看的尴尬境地，假如没有任何变化地接受一个相同的职位的话，因为家庭教师现在是一个很难得到的稀有职位，任何人都可以给他们提出要求，有些人在进入这个我们时代不幸的关系并将他们自己暴露于种种不可避免的模棱两可的状态和遭受各种误解之前，求助于某种别的方法，因为人在一个确定的办公室职位，有明文规定的机械的业务，相比儿童教育，那是完全不同的，它让自己轻松地处在一种安宁之中，而儿童教育却是没完没了的，每天生活在一个家庭里，人们必须把个人的尊严降低到最低限度，以免自己成为别人的负担，我说过，要论家庭教师的心情，现在几乎所有的人都发现，以双方最好的兴致和最高的谨慎，要平衡是如此困难，一个想要舒舒服服的年轻人绝不敢去承担这么难的工作，只要他有另一个与他有关的、他不羞于拥有的并能够挣得适度生计的关系。但是既然一切都可以学会，而且我现在十分了解作为一个家庭教师如何平安地在大多数家庭里生活，我就会比其他未曾经历过的、缺乏训练和耐心的人不太惧怕这种关系，只是在这种关系中，我不得不总是压抑更多精神的活力，而需要更多的约束和耐心。所以我相信，这是我欠自己的，只要我能够从这方面体谅自己，而不伤害任何人；我体谅自己，为的是以生命的活力，在一个更高的、更纯粹的职业中生活一年，对此，上帝会认为我做出了卓越的决定。——这最后的话会引起您的注意，您会问我，那到底是什么职业呢？——从迄今落到您手上的、有关我的工作的文字，您很难猜测我自己的工作到底是什么，但是我从很早就开始了，即使在那些不起眼的片段中，也浸透着我心灵深处的想法，那是我今后很长时间都不可能在那些听我准备的人中间完全说出来。现在不能把一切都告诉人们，因为他们都太懒并且自爱，想要从他们藏身的无思想和伪宗教之中逃离，就像逃离一座污浊的城市，逃到山里，那里有清洁的空气，离阳光和星辰很近，他们在那里神圣般地注视着世界的喧闹，由此，人们产生神圣的感觉，从这个视角，一切即是过去、现在和未来。

最亲爱的母亲！您已经多次给我写过宗教，仿佛您不知道，你曾对我的宗教信仰持什么态度。哦，我能把我内心最深处的一股脑儿向您打开！——只是太多了！在您心中没有生机勃勃的声音，而我的也不能与之谐调。您以信任对待我吧！对我心中的神圣之物，您不要有所怀疑，这样我才能对您更加敞开心扉。哦，我的母亲！在您和我之间有某种东西，把我们的灵魂隔开，我不知道它叫什么；我们中的一个对另一个关注太少，或者那纯粹是另一回事？这是我对您说的最真心的话；假如您已经不能用词语把您的所思所想都告诉我，而您的一切，都活在我心中，每到一个机会，我都感觉奇妙不已，您如何隐秘地左右着我，我的心如何以不可动摇的忠诚关照着您的。我可以对您说一次吗？假如在我的感觉中常常是一片荒凉，并且在人群中惶惶不安地游荡，那只是因为，我以为，您对我没有任何快乐。不是吗？您不信任，您害怕您的儿子们娇惯柔弱并且自作主张，您害怕，您的母亲的心情将您自身左右，于是，您的儿子们失去引导，没有了忠告，为此，您宁可对我们少一点信任，并且拒绝为爱而说出快乐，可那是年长的父母的财富啊，您宁愿对我们少一点期待，为的是不对我们有过多的期待。

我想要给您写，我出于什么原因要拒绝那个推荐的职位，那是我的爱，我在这个机会要再一次说出我心中的一句话。这个幸福对我而言，是世界上最微不足道的，很容易被遗忘。

我已经从拉施塔特给亲爱的卡尔写了信。给布劳博伊伦写信我也不会拖延很久。我很担心，我善良的弟弟卡尔，虽然努力要快快乐乐，但是他的情况也并不令人欣慰。最亲爱的母亲，您能不能不给我写他所遭受的那些不愉快？——我们亲爱的亲戚们对正直的神父先生之死，在某种程度上感到宽慰，因为我的善良的表姐卡罗琳娜得到了幸福，这是很好的。请您也以我的名义衷心地向她祝愿她应得的幸福。请您写信给她，我最真诚地感谢她为我操心那个职位；但是我至少在半年内脱不开身，而封·葛明先生为孩子找一个教育者显然也不愿意拖延这么久。要是在别的情况下我倒是很高兴与封·葛明先生建立联系。对亲爱的外祖母夫人和所有人致以一千次的敬意！

您的

弗里茨

代向我的老朋友根特纳致以一千次的问候和幸福的祝愿！

人的一切对我都不陌生

致弟弟　　（霍姆堡，1798年12月31日）

假如你的命运经过或长或短的时间，仍然没有一个有利的转折，那么，我给予你最神圣的兄弟之言，我将使用我能和我有的一切，来为你服务，在此期间，我请求你，最亲爱的！尽可能高兴地看待你的状况。请以你的名义赐予我带着一些痛苦经历的快乐，以你最明亮的精神，理解我将要对你说的话语，并且相信那是我的爱：假如我们让每一个伤害从心底穿过，世界把我们摧毁到底，最好的必定彻底地以任何一种方式走向覆灭，假如他们没有在正确的时间抵达，他们把人们出于艰难竭蹶和心智虚弱而对你所做的一切重新拾起，装进平静的理智，而不是善良的仁慈，仁慈即使被冒犯，也不会放弃它的慷慨，而是把吁请的荣耀回馈人们可怜的侮辱。相信我，我说的绝不是出于自负，而是出于它的缺乏的深刻感觉，出于一些幽暗的记忆，相信我，平静的理智是一面盾牌，在世界的战争中用来抵御有毒的箭矢。我相信，为了我自己的宽慰，这种平静的理智远远高于任何一种心灵的德行，通过认清它的价值和坚持不懈的自愿练习，将会有收获，像一些人一样，我常常也想要用鲜血来给你写，假如我回首这一年，我完完全全有一半是遗失在忧伤和迷乱中，而这些对你确实是清新的，最好的卡尔！假如你通过艰辛的努力和明确的需要勇往直前走自己的路，并且思考，它对于人们所爱的其他人，也绝非轻而易举。我们对于命运的畏惧，远远小于那些我们心中感到可亲可爱的人。——

钟刚刚敲过十二点，1799 年开始了。你的一个幸运之年，最亲爱的！也是我们所有人的幸运之年！然后是一个新的、伟大的、幸运的世纪，它是德国的，也是世界的！

所以我要躺下睡觉了。

1799 年 1 月 1 日

我今天把我平常的工作放在一边，在慵懒闲散中冒出了有关兴趣的各种想法，现在德国人对思辨哲学的兴趣，以及重新出现的对政治读物的兴趣，还有仅仅在微不足道的程度上对诗歌的兴趣。可能你已经在《总汇报》上读到了那篇有关德国诗人群体的有意思的小论文[1]。正是它促使我有了那些想法，因为你和我现在很少哲学思考，那么，我为你写下我的想法，你不会觉得是无所谓的。

哲学和政治读物对我们民族的有利的影响，以及可能还有对德国人民品格的影响，是不容争辩的，假如我正确地把它从我非常不全面的经验中抽象出来，那么，相互的影响在最初肯定是比任何其他的影响更需要的。我十分相信，德国人最平庸的品德和种种欠缺已经降低到狭隘得足不出户的小家子气。他们处处都固

1. 有意思的小论文（einen kleinen lustigen Aufsatz），1798 年 12 月 19 日刊登于奥格堡《总汇报》的文章《德国的诗人群体或唱诗班》（Teutsches Dichterkorps oder Chor）。

守家园[1]，大部分人都以任何一种方式，直言不讳或者拐弯抹角地，把自己束缚于土地上，而如果他们这样继续下去，他们最终将不得不依偎在他们（道德上和物质上）可爱的财富和遗产旁边死去，像那些心地善良的尼德兰画家们一样。每个人都只待在自己出生的屋子里，极少能，也极不愿意带着他的兴趣和他的观念走出去。因此，他们缺乏活力，缺乏激情冲动，缺乏力量的多种形式的发展，因此，阴暗、见不得人的羞怯，或者胆小、奴颜的盲目奉献，他们以此接受他们狭隘得可怕的圈子之外的一切；这种对于公共荣誉和公共财富的冷漠在现代人中当然是十分普遍的，但是在我看来，这在德国人中是特别显著地存在。就像某个生活在自由原野上的人，也乐于待在自己屋子里，而没有公共观念、对世界没有宽广视野的人，自己的生活也不能存在，实际上，在德国人中，似乎一个接着一个消失了，这不是在说限制性的信徒，在古代，每个心灵和灵魂属于世界的人都被人们围绕，在个人性格和人际关系上的亲密性，远远超过比方说我们现在的德国人，要驳斥无心的世界主义的动听的喊叫以及过度扩张的形而上学，不可能比泰勒斯和梭伦[2]这高贵的一对的行为更真实，为了熟悉各国的宪法，结识世界的哲学家，他们一同去往希腊、埃及和亚洲漫游，因此在不止一个方面把它们普遍化了，但是由此也成为至交，相比那些人，他们更有人情，也更天真，那些人一个接着一个，想要劝说我们不必向世界睁开眼睛，因为世界总在那里，它

1. 固守家园，原文是拉丁文：glebae addicit。
2. 有关泰勒斯（Thales）和梭伦（Solon）的友谊及漫游的诗，荷尔德林是从第欧根尼·拉尔修的作品中读到。

永远是值得的，也不要敞开心扉，以便保持它的自然天性。

现在绝大多数德国人都处在这种可怕的鼠目寸光的状态，所以，相比那些新哲学，他们不能感受到任何有益的影响，新哲学透视利益普遍性至其极端，揭示人心中那无限的追求，甚至于，假如它过于从一个侧面紧追人之本性的伟大自觉，作为当代的哲学，它是唯一可能的哲学。

康德是我们民族的摩西[1]，他引导我们的民族走出埃及的衰败，来到他的思辨哲学的自由孤独的沙漠，并带来了圣山之强有力的法则。当然，他们仍然总是围绕着他们的金牛跳舞，也饥饿地奔向他们的肉锅，他似乎必须以真实的感觉同他们一起迁移到一个孤独之地，假如他们不得不放弃他们填饱肚子的营生以及那死去的、无心和无感觉的习俗和教条，在这些习俗和教条之下，他们生动鲜活的品性就像一个深居牢房的囚徒发出的叹息，无人听见。从另一方面来说，这些政治读物必定会产生很有益的作用，尤其是当我们时代的现象强有力和以专业的形式展现在眼前。人的眼界扩展了，以日常的眼光看待世界，也产生和增长了对世界的兴趣，对扩展的人类社会及其伟大命运的观察，哲学的要求、兴趣和观点的普及，确定地促进了公共观念以及对其自身狭隘的生活圈的超越，就像一位将军，当他与军队共同执行任务时，感觉到更有勇气，更加强大，但事实上，人的力量和灵活总体上随着生活圈的扩展而增长，在这个圈子里他们感觉到合作和同情

1. 康德是我们民族的摩西（Kant ist der Moses unserer Nation），荷尔德林熟悉席勒在他的《妩媚与庄重》中的表述：“他（康德）是他那个时代的德拉古，在他看来，一个梭伦在那个时代并无价值，也不受欢迎。”德拉古（Drako），雅典的立法者，于公元前 624 年受命起草第一部成文法。

（假如别的人没有把生活圈扩展得这么大，那么个人在整体中的失落就特别大）。此外，对哲学和政治的兴趣，即使过去比现在更普及，更认真，也丝毫不能充分地塑造我们的民族，真希望那种无边的误解有朝一日戛然而止，艺术，尤其是诗歌，已经被那些实践者，还有那些取悦者，作践糟蹋。人们对美好的艺术对人的塑造方面的影响已经说得够多了，可是看起来似乎总是没有多少严肃性，当然啦，他们没有根据艺术，尤其是诗歌的属性认真地思考。人们仅仅关注它们浅显的外表，外表与其本质当然是不可分割的，但与构成它的整个特征相比，算不了什么；人们把它当作游戏，因为它以一种简朴的游戏的形式呈现，所以，与游戏相比，它并不以更加理性的方式产生其他的效果，即消遣的效果，与它以真实的属性所在而呈现的效果恰恰相反。因为人于是聚集在它周围，它给予他们安宁，不是空洞无物的，而是充满活力的安宁，那里所有的力量都是生气勃勃，并且因为他们亲密无间的和谐而只能被承认为生气勃勃的。它把人们凝聚起来，紧密联系，而不像游戏，游戏仅仅把人们聚拢，让每个人忘记了自己，没有一个人显现他们生命力的特征。

你可能会惋惜，最亲爱的兄弟！我这么慢慢吞吞，把我的信写得这么支离破碎。可能就像我一样，从一种心情过渡到另一种很难，尤其是当我不能轻而易举地从推理思考中走出，进入诗歌，并且再回过头来。这些天我收到了我们亲爱的母亲的信，她在信里表达了对我的宗教虔诚的快乐，此外还要求我为我们尊贵的外祖母的七十二岁生日献上一首诗[1]，在这封说不出来的激动的信里还有一些别的事让我感动，可能就在我给你写信的这个时间，我大部分都是以对她和你们亲爱的人们的想念度过的。就在我收到信的那个傍晚，我就开始写给亲爱的外祖母的诗，到夜里差不多已经完成了。我想，假如我在第二天就把一封信和那首诗寄出，一定能让善良的母亲们高兴的。可是我触动的声音再一次那么有力地在我内心敲响，我在青年时代就体验的那种心情和精神的变化，我的生活的过去和现在，也随之如此历历在目，此后我再也找不到我的睡眠，第二天我疲惫不堪，无法再次让自己聚集力量。到现在我还是这样。你可能会惊奇，假如你得到了诗意上如此无足轻重的诗行组成的一首诗，我能有这样的勇气多么奇妙。但是对此的感受我说的是很少的。我有时候就是这样，我最充满生命力的心灵奉献出的却是十分平庸的语句，无人知道它们实际上想说的是什么，就像我一样。

我真想看看，从我最近对你说的有关诗歌的东西里面，我还能带来什么。诗歌就像游戏一样，没有什么能把人凝聚起来，我说过；它们能够把人凝聚起来，假如它们是真的，起着真的作用，带着所有加倍的痛苦和幸福和努力和希望和恐惧，带着它们之中所有的伟大和渺小，愈益向着一种充满生命力的千倍铰接的内心完整，因为这就是诗歌的本身，原因如同结果一样。不是吗？亲爱的，这样一种万能灵丹正是德国人需要的，即使是根据政治的哲学教程也是这样。因为，即使别的一切考虑在内，这种哲学的

1. 为外祖母生日写的诗《我敬爱的外祖母——为她七十二岁生日而作》(Meiner Verehrungswürdigen Großmutter zu Ihrem 72sten Geburtstag)，中文版见《荷尔德林诗集》第 249 页。

政治教育自身已经不适宜，它把人与本质上的、绝对必须的关系，与责任和权利捆绑在一起，那么，给人的和谐留下的还有多少呢？根据外观的法则描述的前景、中景和背景，无论如何已不可能当作作品，与自然的生气蓬勃的创作相提并论了。但是德国人中的优秀分子的大部分认为，假如世界是完美对称的，那么所有的一切将会发生。哦，希腊，以你的天赋和你的虔诚，你去往了何处？我也满怀良好的愿望，追随世界上绝无仅有的人们，以自己的行动和思考，探索前行，而在我所言所行之中，我却经常笨手笨脚，不能持之以恒，因为我就像一只鹅，用平展的蹼站在现代的水中，无力地向着希腊的天空展翅。不要用这个寓言来嘲笑我。那是不适当的，但是真实的，某种那样的事情仍在我们之间发生，这话只能对我说。

对于你有关我的小诗[1]的鼓励的话语，以及你的信中其他的一些友好的词句，我向你表示一千次的感谢。在我们所有的困境和我们的精神中，我们必须紧紧地联结在一起。面对所有的事情，我们都要以所有的爱和所有的诚挚接受那句伟大的话："我是一个人[2]，人的一切对我都不陌生"；我们绝不要漫不经心，我们只能以真诚对待我们自己，对世界心底敞亮，宽容忍耐，但那时候我们绝不会让任何多愁善感、夸大其词、野心勃勃和特殊性的闲言碎语阻碍我们，我们将以我们所有的力量去搏斗，以全部的鲜明和温柔审视我们所有的人性如何把我们自身和其他人带入愈益自

1. 小诗（Gedichtchen），刊印在诺伊菲尔主编的《1799 年闺房教育袖珍书》上的几首箴言诗。

2. 我是一个人……，原文是拉丁文：homo sum, nihil humani a me alienum puto，引自古罗马喜剧作家特伦斯（Terenz）的《自罚者》（Heautontimorumenos）。

由的和诚挚的关系中，它既在图片般的展示中，也在现实的世界上，当黑暗势力企图以暴力摧毁帝国，我们将把鹅毛笔扔到桌子底下，以上帝的名义去往苦难最深重的地方，去往最需要我们的地方。生活幸福！

你的

弗里茨

一个坚定、忠诚的心是我每天的愿望

致母亲[1]　　（霍姆堡，1799年1月）

最亲爱的母亲：

从您亲爱的来信，我这段时间得到了这么多真正幸福的时刻和瞬间，可我这么长时间仍然没有回复，为此我深感羞愧。就在我收到您的来信的傍晚，我大部分时间都在为我尊贵、爱戴的外祖母写诗，它附在给您的信上，我真的从心底里向您表达感激，您把这个神圣的生日告知我。给您的信本应在这几天里写完，假如我能在收到您的信之时尽可能快地给您说说我的感受，那对我真的是一种快乐。我本来是有时间的，可是我喜欢以一种不受打扰的心情给您写。要是有什么让我不安，并且不让我有更纯粹的心情，那是毫无意义的。我给您说这些，是让您不要担心。我曾经必须阅读的那些苛刻的文字，当然与我的心灵背道而驰，因为它们违背了我最坚定不移的信念，它们大部分时间都在打断我平静的生活。如果我这么轻易被击败，那当然是不好的，一个坚定、忠诚的心是我每天的愿望，从这方面说，除了我认识到自己的软弱，没有什么让我自卑，我以自己所有诚实的努力和对更美

1. 这封信不是一次写成，书写有中断，也有遗失。

好、更幸福的洞见，但是仍然保持一颗旧的敏感的心。我的青春的一半失落在痛苦和迷失之中，它的源头就在此处。现在我可能更有耐心，不让任何人为此付出，假如我没有错，我对别人也更少发脾气，因为否则的话，别人也会这样，但是我给人的印象是内心的纯洁和高效工作的平静，一个受过良好教育的人不应有一刻为此烦恼。当然，现在不和谐的自然每一刻都更强烈地击打我，我几乎不可能拯救自己逃离千倍的躁动，我现在只能在德行和真理和美丽的和谐中凝聚和平静自己。我向您和自己保证，要不断训练自己，学会吸收我在心绪宁静时如此轻松地进行的创作，即使从第一印象看也是如此。我除了坚定地工作和期望，不知道有什么更大的幸福。但是，对于一颗易怒的心，这是不可能做到的。——我努力通过大量运动和通过有规律的生活强化躯体，因为我看到，有时候原因即在其中。我十分健康，比过去任何时候都更健康，头和内脏也像平常一样没有疼痛，但是我也发现，我的神经过于敏感。我特意说了这些，是因为您以温柔细腻的关切询问我的健康。——您以最美好的所有快乐接受我有关宗教的表达，让我这么彻底地看到了您的心情，那只有在至高之中才能有的镇静自若。我完完全全地相信您，最尊贵的母亲！它如何让您对我的思念变得更轻松和更让您愉快，当您知道在我心中有人类心灵的最好的感觉并且能在疑虑和忧愁之中保持这种感觉，有这样的感觉，即使最好的人也必须互相顾及，而他们之间越是互相亲密无间，这种顾及就越大，因为我们对自己几乎一无所知，我们所知仅我们即我们自身，而不会成为别的。我保留以更加有限的方式向您坦陈我的信仰的全部知识，我希望能在任何地方与您坦率和真诚地表达我心中的想法。但我们时代的犹太教经师和法利赛人[1]，那些把神圣的、可爱的圣经变成一种冰冷的、扼杀精神和心灵的废话的人，我当然不会让他们作为我真诚和鲜活的信仰的证人。我完全知道，那些人何以如此，因为上帝原谅他们，他们比犹太人更恶劣地谋杀基督，因为他们把他的话变成教条，而把活生生的他变成空洞的偶像，因为上帝原谅他们的种种，我也原谅他们。但我绝不在遭到误解的地方白白付出我自身和我的心，所以我在面对那些职业神职人员时（那就是说，面对他们，既不是自由的，也并非出于真心，而是出于良心的压力和应付公事），就像面对那些对此什么也不想知道的人一样，保持沉默，因为他们从少年时代起就被灌输那些死板的文字并且经由武断的命令相信，作为人的首先的和最终的需要的所有宗教，已经败坏了。最亲爱的母亲！就如在这些字里行间有一个生硬的词，那它绝不是出于自傲和仇恨而写，相反，那是因为我没有找到别的表达用语，让我能够尽可能简短地通情达理。一切本来都应该像现在这样，尤其是宗教的情况，宗教在基督现世时，与现在几乎是一样的。但是，正像冬天之后春天来临，在人的精神死亡之后，新的生命诞生，而神圣的依然神圣，即使人并不尊重它。确有某些人，在心中是虔诚的，就像他应该和能够表达的那样，也许我们的一些布道者，他们连所用的词语也找不到，而演讲却比人们预料的多，因为他们需要的词语过于陈腐并且已经无数次被滥用。如果您在此期间慈爱地接受这些毫无风格的表达，直到我赢

1. 犹太教经师和法利赛人（die Schriftgelehrten und Pharisäer），《圣经·新约》中陷害耶稣的人。

得一个小时，让我能用全部的身心来写。——我完全同意您的想法，假如在将来我得到一个能够适合我的、最俭朴的职位，那对我真的是太好了。

信仰绝不可给予，与爱相比无足轻重。信仰必须自愿并出于自身的兴致。基督当然说过：不信的，必被定罪[1]。那就是，据我对《圣经》经过严格评判的理解，那是很自然的，对于一个仅仅在责任上和法律上的好人，无所宽恕，因为他自身把一切付诸行动，但那并不意味着人们能把信仰强加于他。

尤其是因为可能对诗歌来说不幸的倾向，可是对诗歌我是从青少年起就一直以真诚的努力，经由所谓全身心的投入的，它始终在我心中，并且，根据我对自身所造成的所有经历，只要我活着，将永远在我心中。我自己不能断定，这到底是一种想象还是天性的冲动。但是我现在如此多地知道，除了别的以外，我还给自己带来了这么多不满和痛苦，因为我所做的钻研，似乎与我的天性如此不相符合，比如说哲学，我倾注了可怕的努力并且完全出于良好的愿望，因为我害怕那个空空的诗人的名声。我以前很长时间都不知道，为什么我的哲学研究那么坚忍不拔地勤奋用功，得到的回报却是无声无息，为什么我越是无限地奉献于它，却始终让我更不安分和激情澎湃；而现在我把它阐释清楚，我已经让自己在很高的程度上远离了我自身特殊的倾向，我的心为那非天然的工作叹息，而它可爱的辛劳，就像囿于士兵生涯的瑞士

1. 见《圣经 · 马可福音 16:16》。

牧羊人，时刻想念着他们的山谷和羊群。您不要称之为狂想！因为我之所以像一个儿童一样随和善良，当我不受干扰地以轻松悠闲，纯洁真诚地从事研究，当然，公正地说，只有当人精通它的时候，才能得到荣誉，我也许时间上还远远不够，因为我从少年起从未像有些人那样敢作敢为，也许是因为我有过于善良的天性并且自觉地不迎合我的周围环境和人们的看法。然而，每一种艺术都要求一个完整的人的生活，学生必须学习所有与艺术有关的一切，假如他想要发展与艺术有关的素质，而不在最终把它们扼杀。

您看到，最亲爱的母亲！我让您成为我的知己，我不害怕，您把我的真诚和坦率当成邪恶。我很少有机会这样敞开心扉。我为什么不利用我做儿子的权利，不为了我内心的安宁而把话都说出来呢？您千万不要以为我有什么意图。我只想以最充分的真诚给您写信，而您必须有和我一样的心态。我真的想说，我要在将来寻找一个简单的办公室工作，我这样做的理由之一是，其他的可能与我心爱的研究不能弦韵谐和。也有一些比我强得多的人，试图在职位上成为大商人或者学者，此外还做诗人，但是这样的人在最终总是为其中之一而牺牲另一个。这无论如何不是好事情，他可能为了他的艺术而从事办公室工作，或者为了办公室工作而忽略他的艺术。因为，如果他牺牲他的办公室，那么他对待另一个是不诚实的，假如他牺牲艺术，那么他对上帝所赐予的天赋将是有罪的。但比起人对自己身体的负罪，那何尝不是一种好的负罪呢。您在您亲爱的信中谈到的那位优秀的学者，不在莱比锡担任教授，做得可能是很好的。假如他不是以他的艺术为代价，那他就要以他的身体为代价了。假如我必须接受一个办公室职位，而没有别的可行的话，那我相信，在村子里的一个牧师职位对于我是最好的（远离大城市并且远离那些高级的神职绅士们）。为什么不在您和家人们所在的土地上，而宁愿在陌生人中间呢？

假如这能够推迟几年，我倒是喜欢的，假如我手头在写的书[1]和我的钱都完结了，我还是愿意再当家庭教师的。您知道，我在拉施塔特认识的那个波莫瑞的瑞典公使馆秘书，最近来这里访问，在告别的时候他问我，我是否愿意在他的地方（在瑞典的波莫瑞，一个叫威斯玛的地方）做一个家庭教师。他的父亲，如果我没有记错，是施特拉尔松的行政长官，习惯为他的熟人寻找这一类的职位。我对此并未直接拒绝，为的是必要时有一条出路，特别是他想要为我找一个这样的职位，在那里我与一个年轻人一起去上大学。增长世界知识（有关德国人民的知识，对于每一个想要成为德国作家的人，就像园丁对于土地的知识，是尤其必要的）是这种辛苦的关系能够给予我的唯一补偿，那个地方的遥远，对于一所大学算不得什么，在我看来，优点多于缺点，几年时间安静的生活在我的家人中是不能指望的。此外我并未定下来，可能在此期间还会有类似的更有利的机会。总的来说只有在某些确定的条件下，使我尽可能多地免于烦恼和窘境，我才会接受这样的职位。假如我已经看到，这样一种状况在一段时间对于我是必要的，并且不可避免，那我也将以耐心和谨慎对待。假

1. 书（Buche），荷尔德林此时正在准备悲剧《恩培多克勒》的初稿。

如作为代理牧师，我将依附于我的牧师，因为我从未了解这种情况，那对我绝不是轻松的，而我将不得不绝大部分时候依靠您的资助生活，这非我所愿，您已经为我做了那么多，我亲爱的卡尔能够更好地利用它。

我给您写了所有这些，最亲爱的母亲！因为我清楚地知道，您多么想要了解您与我在此有多少共同点，您不要把这些太多地放在心上，假如您能够发现，生活对于我是不易的，因为您自己最好知道，人们称之为幸福的青少年时代，处处都如此可怕地失去。对于可能会影响到我的生活的种种困难，并不难于保持我的心和我的感觉的纯洁，因此，我至少现在极不愿意对世界提出更大的要求。在我目前的居住状况改变之前，在任何情况下我很愿意见到您和亲爱的家人们，当然，要与这里分开，我要付出很大的努力。

您的可爱的礼物让我如此高兴，任何事情也比不上我向着不错的房东奔跑而来，并且向他通报，我收到了一件圣诞礼物。我衷心地感谢您和亲爱的外祖母夫人。遗憾的是，我的经济状况不可能像在法兰克福那样，轻松地以我的殷勤给您们带来这样的快乐。对我尊贵的妹妹我也请您致歉，眼下我也只能表达一下良好的愿望。她知道我对她和她的整个家庭的亲切的感觉，远远不是一个象征能够向她证明的。您从她那里寄给我的信，对我更是一件礼物。我早就应该给她写信了，可那时我去了拉施塔特，期望能够亲眼见到她，在那期间我有那么多要做，为的是把在旅行中耽搁的时间都补回来，我下一步要有几天坐下来，把所有的信都一一回复，对这段时间我是有愧疚的，是列在第一的。

您生活幸福，最亲爱的母亲！您请求亲爱的外祖母夫人，把那一页纸[1]作为一份小小的快乐和真诚的感情笑纳，我已在心中用它来庆祝高贵的生日。

向我们所有的人致以衷心的祝愿。

您的

忠诚的儿子

弗里茨

1. 那一页纸（Blatt），荷尔德林为祝贺外祖母生日写的诗《我敬爱的外祖母》。

我没有父亲的勇气引导

致母亲　　　　（赫尔山前的霍姆堡，1799年3月初）

最亲爱的母亲：

我这一次只能给您写一点点。我事务缠身。

那个事故的消息，对您和尊贵的外祖母夫人可能会造成危险的后果，让我深深地震颤。但愿对您们，所有不幸都已经过去！

显然，这场现在正在爆发的战争，将让我们的符腾堡得不到安宁，我从更可靠的人那里获悉，法国人将尽可能长久地尊重帝国的各邦以及符腾堡的中立，因为普鲁士人竭尽全力为此说情，而法国人也有理由避免与这个强国的战争。假如法国人很幸运，它很有可能给我们的祖国带来变化[1]。

我以我最纯真的孩子的忠诚请求您，最好的母亲！以您心灵中最优秀的所有的高贵，以及把我们从大地上托举起的全部的信仰，给予帮助，以一个女基督徒的宁静的理智，以尽可能的平静审视我们的时代，承担起与您有关的一切不快。假如我必须认为，您的心上承载着担忧，我将不能称为男子汉。您想想，我没有父亲在生活中以勇气引导我，而您给予了我默默忍受的完美的

1. 变化（Veränderungen），当时符腾堡议会中一些有特权等级的代表致力于在符腾堡建立一个共和国。

形象，给予我勇气的榜样。我需要这个榜样，假如我不想在我的事业中消极怠惰。我将以我的全部力量保证您不会遭受某种可能的不公正的对待，而这可能并非无用。但是所有这一切都还遥远。——

你有幸福，也有忧虑，但是幸福和忧虑各得其所

致妹妹　　（霍姆堡，1799 年 2 月末和约 3 月 25 日）

最亲爱的妹妹：

我几乎已经失去了想念你的权利，这么长的时间，我对你保持了沉默。但是事情常常是，人们急着要写什么，却什么也没写出来。我总是在等待一个合适的时刻，它进入我的心中，我因此耽搁了，在那个时间，我未对别的想法和事务过于敏感，而总是写得如此之多，你应当承认我对你永远不变的爱。

如你所知，我重又到了成为一个隐居者的时候，我想，你对此是同意的，因为你可以假定，我这样做并非无缘无故，我也并未在闲情逸致中悠然自得，甚至也没有以别人为代价，为自己准备一种适宜的状态。相信我，我的最好的！决定我的追求和我的状况的并不是任性而为，而是我的本性和我的命运，它们是唯一的强权，对它们的顺从从未被放弃，我希望，以你宁静和忠诚的爱的态度，你最终将是完全值得的。

相比那些仅仅在最后才能满怀信心说出他的辛劳的人，你无论如何是更幸运的；我很满意。你一天又一天在你最好的愿望得到满足中生活，而你家庭的幸福可能有同样多的必须的忧虑，让

你每天更加感知到你有幸福，也有忧虑。但是幸福和忧虑各有所予，我赞誉的是你的所是和所有，我如此赞誉，因为那正是我的所缺。在很多心烦意乱的时候，我多么渴望你，为的是你的快乐能让我振奋，从你对我的爱中获取在你心中和在你身边的某种东西。我曾经想象过一次真正安静的重逢，可是这个风暴般动荡的时代可能与我们的祖国不再遥远，它会击碎我们之间的爱的愿望，我们可能会在一些动荡中重见，假如我能在一段时间内回到我尊贵的家。我不应当过多地谈论新的战争以及会给我的家人们带来更多的忧虑。你的状况能给予我的安慰是，你不是孤独的，在紧急的情况下，你可以依赖你尊敬的丈夫的远见和坚定的心智，当然，那是我们并不希望的。

你可爱的孩子们怎样了？我至今未能再认识他们。三年时间年幼的人能做的这么多，他们的身心每天在成长；我一次都没有见过的小弗里茨[1]到那时候会显得他来到世上已经很久了。代我最衷心地祝愿他们，他们每一个都有那么多可以向我介绍的。

我的朋友法伊尔和卡梅勒尔以及其他的熟人都好吗？

我现在的交往大部分时间仅限于两个朋友，但是他们通过他们的精神和他们的知识，通过他们在痛苦和快乐中获得的经验，在一种罕见的程度上带来了如此的欢乐，让我们常常脱离了各自的方式，以便不让我们的交谈变成主要的事情，我们的脑袋里也不会塞满了东西，因为每个人或多或少用的是自己的感觉，为了自己的事情，不被别人的观点和兴趣所分散和陶醉。其中一个朋

1. 小弗里茨（kleine Fritz），荷尔德林妹妹的儿子，也是他的教子。

友是辛克莱，你从我给亲爱的母亲的信中已经可以认识他了；另一个朋友是来自格薾夫斯瓦尔特的穆尔贝克教授，他现在正在旅途中，辛克莱和我都喜欢在这里待几个月。这个地方少有的美景给了我独特的快乐：这座小城市坐落在山下，森林和赏心悦目的设施环绕四周；我住的地方面对原野，窗外是花园，还有一座长满橡树的小山，用不了几步就到了一个美丽的河谷。当我工作累了的时候，我就走出去，登上小山，坐在阳光底下，眺望远处的法兰克福，这种纯真无邪的眺望重新给了我生活和工作的勇气和力量。亲爱的妹妹！这样真好，仿佛人在教堂里，以一颗纯洁的心和睁开的眼睛，感觉光明和空气和美丽的大地。

生活幸福！快点给我写信。处处代我致意。

永远是——

你的

忠实的兄长

荷尔德林

这封信我前一段时间已经写了，它被搁置了，因为我还有别的要写，但是我被业务和不适（胆管绞痛，我现在已经重新自由了）阻止。

我看到了生活中新的勇气和力量

致母亲　　（霍姆堡，1799 年 3 月 25 日前后）

最亲爱的母亲：

您因为我的沉默而不安，我感到无限的痛苦。我收到您的上一封信是在 2 月 17 日。我在这封您现在将要收到的信中，表达深深的歉意。有时候，我在工作中用很多天思考这件事，直到现在，我很少有能力避开朋友们的交往，为此我耗费了很多无所事事的时光，让我不能静下心来写信，因此，这大多数是可以谅解的，我把给您的信拖延了一天又一天，我良心受到的冲击也同样多。

现在您相信吧，最亲爱的母亲！总的来说我对待与您的关系绝不是轻轻松松的，每当我想要让我的生活计划与您所有的愿望契合，我常常忐忑不安，我经常思考我也许能够找到平常的方法，让您少一些担心，多一些快乐，而不是我现在的方法，这种方法对我是相当不舒服的，但是更符合我的本性。对您慈爱的邀请，我真心诚意地感激您，当这个时机成熟的时候，我会好好利用的。现在您会发现，您对我的住地的一次来访是很花钱的，我必须尽可能地把我所有的时间奉献在我的工作上。我愿意在这里一直待到我的书[1]完成，那可能会持续半年之久。我下一步做什么，部分地取决于我的书能否成功，部分地取决于其他的环境。现在，我相信，我用我存有的钱还能继续，但是我也必须向您坦承，由于木材价格高昂以及我长达三个星期的疾病，我必须请医生[2]不超过一次，但却不能用平常的饮食，我存的钱现在比我预期的要少一点。我因此可以自由地利用您母亲尊贵的提议，我保留到大约仲夏的时候给您写信，我是否必须，还是不必使用那一百个盾，但是我以最纯洁的真诚地向您保证，为了让我自己安心，那笔钱我仅以借用的方式接受。我这样做，对您和我的妹妹弟弟也是有愧的。在当前，即使这可以在任何一个合法的名义下发生，但只要我还活在这个世界上，我不愿意让您的收入减少一个赫勒。因此，如果我一年以后以现金或者别的形式寄给您这笔借款的利息，您不要冷冰冰地接受，那应该只是一个象征，表示我是以不可撤销的真诚为条件的，决不是虚假的言辞，我事先要对您说，最亲爱的母亲！假如您寄给我，而没有紧急地以书面确保这是一笔投资，将使我寝食难安。假如您认为这样做不恰当，以您的知识，我也不会到别处去借钱，因为我的书能为我挣来足够多，让我能够还上借款。我有时候以别的方式给予法兰克福的一个好朋友[3]帮助，我也可以有一天利用双方的互利。

作为结束，我从《耶拿文学报》上为您抄录一段谈到我的[4]，迄

1. 我的书（mit meinem Buche），很可能是荷尔德林正在创作的悲剧《恩培多克勒》。
2. 医生（Arzt），荷尔德林因病求医。荷尔德林在之前和此次信中提到他患了疟疾（Maladie）。
3. 朋友（Freunde），可能是黑格尔，荷尔德林曾介绍他到法兰克福任家庭教师。
4. 在 1799 年 3 月 2 日的《耶拿文学总汇报》上发表了浪漫主义作家 A.W. 施勒格尔对荷尔德林诗作的评论，这是对荷尔德林的作品给予肯定的少数评论之一。

今为止我一直都避免向您吹嘘我作为一个作家的小名气，在当前情况下，我绝不会错过任何机会向您表达我的希望，我当前的工作将会找到一个有利的接受，假如为了避免名利的嫌疑，而带给您一点小小的快乐，那可能是孩子气的。在那份报纸上提到诺伊菲尔出版的《年鉴》[1]，出于友谊，我为它奉献了几篇小稿件：

“对这本《年鉴》的内容，我们几乎仅限于荷尔德林奉献的作品。编者的那些是没完没了的韵律诗等等。希尔马和西格玛[2]的小作品突出于其余的之上，像（寄自法国的）莱因哈特为他的夫人所写的、告别德国的感人的悲歌诗行。那些散文体的文章十分乏味，但是荷尔德林不多的稿子思想丰富，灵气充盈，我们乐意把其中一些列出为证。”

于是我的几首诗被引用，其中一首我暗指我手头正在做的工作[3]；评论家将会把评论放在末尾：

“这些诗行使我们相信，荷尔德林把一首诗扩展到更大的容量，为此我们真诚地祝愿他赢得外部的欣赏，因为他迄今对诗歌天分的探索以及在所选诗歌中表现出的激越上升的情感，让我们期待他美丽的成功。”

但是我必须请求您，最亲爱的母亲！为了诺伊菲尔的缘故，这个引用您不要让任何人知道。假如您要告知亲爱的卡尔，那我是不能阻止的。妹夫先生在布劳博伊伦自己会看这份报纸。——

1. 年鉴（Allmanach），诺伊菲尔的《1799 年闺房教育袖珍书》。
2. 希尔马和西格玛（Hillmar und Siegmar），可能是荷尔德林（Hillmar）和诺伊菲尔（Siegmar）发表作品时用的假名。
3. 工作（die Arbeit），荷尔德林在《致命运女神》中暗指正在进行重大题材的创作，即悲剧《恩培多克勒》。

我从心里渴望也能再次收到我善良的妹妹的信。我对卡尔是有歉意的，但是我这些天无论如何还要再给他写，因为我上一封信的时间太短。我特别高兴的是，他是很值得您的关照和惊喜的。我也深深地赞赏，一个人这样有头脑，内心有真正的教育的人，以十分的耐心和技能在办公室业务中生活。您不必担心！他还会有更多的成长。因为最终，人们很快就需要寻找像他这样的真正优秀和有用的人。

我现在正享有的良好的健康，成为我的幸福的很大一部分，我的朋友们也真诚地参与。“啊哟！我现在又一次看到这双眼睛里的快乐！”我的尊贵的穆尔贝克前不久看见我时，这样惊呼。那真的是一个让我十分不适的情境。那么无所事事，无所用心，整天这样坐着，那对于我是如此沉重，因为我大多数时候只有在工作中才能精神振奋。

我又一次让自己在春天中年轻，并且看到了生活中新的勇气和新的力量。对于与我的命运有关的，我再也不会也不愿意亢奋、急躁、犹豫不决。

您要好好睡觉，最亲爱的母亲！夜风起了，我的小屋里冰冷，我要上床。

我最喜欢五月。我们这里几乎总是阴冷的天气。——但是这里也宁静安详。这个地方，据我所能知道的，还没有对于战争的恐惧。我无限高兴的是，我亲爱的家人们迄今还安然无恙。

您的

忠诚的儿子

弗里茨

1799年4月18日

我已经写了几个星期了。但是除了其他的事情，我被战争的消息占据，我一直在等待有什么事情能够告诉您。当然，也是因为我得了疟疾，您将会在我给亲爱的妹妹的信中看到，我很高兴利用我对自己工作毫无痛苦的这段时间。现在我已经完全康复了，我以快乐和感激体会健康，而我必须让您放心，我对健康是非常认真的。

在这个春天来符腾堡，对我来说是不太可能的，最亲爱的母亲！因为这个冬天我不能利用所有的时间进行我的工作和我的学习，我充分利用我的独立性，尽可能好地节省我的钱和时间，那对我真的是很好的，当我努力达到一个高度，才能赐予我这样的快乐。

您的

忠诚的儿子

哲学把冲动引入自觉，指出它理想中无限的目标

致弟弟 （霍姆堡，1799年6月4日[1]）

我的尊贵的：

你的同情，你的忠诚，总是让我的心感到温暖，也是你之所以为你，你的积极，你的快乐的精明，你以此分到职业事务和自由教育中的你的精神和你的力量，你的勇气，你的决断，总是给予我快乐。亲爱的卡尔！一切都比不上能对一个人的心灵说：我信任你！假如不纯粹的、有所求的人并非必要地经常烦扰我，那么，当我在生活中遇到善良、真诚、纯粹的人，我会更感幸福，我也因此不需要向大自然发出抱怨，它让我对不完美有了更敏锐的感觉，让我去认识何谓更加亲密和更加友好，只有当我有一天达到了这样完善的程度，在不完美中，而较少在它经常给我造成的不确定的痛苦中，去感觉和察看奇特的瞬间的和特殊的匮乏，并且也在更加完善中辨认它自身的美丽和性质上的善，而较少停止于一种一般化的感觉，一旦我取得了成功，我的心将更加平静，我的努力将取得持续不断的进步。因为假如我们仅仅无限地感觉到一种匮乏，那么，我们很自然地会想到要无限地弥补这种

1. 根据卡尔·高克于1822年2月6日致凯尔纳（Kerner）的信，这封信可能写于1799年6月14日。

欠缺，于是，在未来的情况下，力量常常就用到无限的、无成果的、精疲力竭的斗争中，因为不可能无限地知道欠缺在何处发生，以及如何改正并且弥补这种欠缺。只要在我的工作中一天没有愤懑，它就坚定有力地推进，但是一个小的疏忽，我立刻就栩栩如生地感受它，为了更清晰地注视它，有时候却让我进入一种不必要的过度紧张。它对于我，就像在我的工作中，年长的男孩子在生活中、与人的交往中的情形。这从本性上肯定是不利的多愁善感，在我身上仍然没有培养成为更加确定的情感形成，除了别的因素，可能主要来自于，我总觉得在境况和性格上，欠缺太多，而卓越过少。——你确定地会发现，人类的天性最确定地要造就的人性的组织和情感似乎已经有了，但是它们现在到处都更加不快乐，这完全是因为它们比别的时间和地点更加稀少。我们周围的野蛮人，在受到教化之前，会粉碎我们最优秀的力量，只有坚定而深邃地透视这个命运，才能拯救我们至少不致在无谓中灭亡。我们必须找出那卓越者，与他尽可能紧密地团结在一起，在这种感情中增强和痊愈自己，从而获得力量，那些粗糙的，歪斜的，不成形的，不光是在痛苦中，而是要承认它们是什么，它们的特点是什么，它们特有的欠缺是什么。假如人们不直接接触和干扰我们，那么，与他们平安地生活或许并不难。假如他们就是那个样子，那虽然不太好，假如他们认为他们是唯一的，而不让别的行得通，那就是邪恶。我对利己主义、专制主义和反人类有敌意，人类是我永远的爱，因为我总是在他们小的和大的活动中、他们的性格中，看到他们有相同的原初性格，相同的命运。事实上，这种不断的进取，这种为一个不确定、为另一个、为更好和总是更好的某个当下的牺牲，我看到了我周围的人们所作所为的一切的原初的理由。为什么他们不像林中[1]的野兽那样生活，知足，局限于土地上，食物就在它们身边，因为此，野兽紧密倚靠大自然，就像婴儿倚靠母亲的乳房？因为那样就没有忧愁，不需劳作，没有抱怨，很少生病，较少斗争，因为那样也没有辗转反侧的夜晚等等。但是，那对于人是反自然的，就像人教授动物艺术一样。要不断地生活得更好，要加速自然完善化的永恒的进程，要完善他面前所发现之物 并且理想化——这是一切地方人最有特质的、最鲜明的本能，人一切的艺术和所有的努力，种种错误以及全部的痛苦，都来源于此。我们为什么要有花园和田野？因为人想要让它们变得比他们最初发现时更好。我们为什么要商业、航海、城市、国家，以及它们所有的混乱，它们的善良和罪恶？因为人想要使它们变得比最初看到的更好。我们为什么要有科学、艺术和宗教？因为人想要让从前的一切变得更好。他们甚至蓄意相互掠夺，那是因为他们不满足于当下，因为他们想要改变，这样，他们就聒噪地把自己送进大自然的坟墓，并且加速了世界的进程。

人就这样从一个根上生长出最大的和最小的，最好的和最差的，而在总体上和大的方面，所有的都是好的，每一个以他自己的方式，或美好，或粗野，履行着人的使命，也就是，将自然的生命繁衍，加速，选择，混杂，分裂，聚合。人完全可以说，现在的人们在他们的绝大部分工作中已经不再激发那种原初的冲动，即理想化或促进，或改造、发展、完美自然的冲动，他们所

1. 林中（Im Walde），荷尔德林的短诗《在林中》描写了人与神在林中共享永生和永恒的爱。

做的，是出于习惯，出于模仿，出于对传统的顺从，出于他们的祖先曾经备尝的艰辛。为着在奢侈、艺术、科学等等的道路上继承祖辈开创的事业，后来者必须自身拥有祖辈赋予了生命的这种冲动，为了学习，他们必须组织起来，像大师们那样，但是后来者对那种冲动的感觉很弱，它仅生气勃勃地显现于原创者、个人思想家和发明家的心灵。你看，亲爱的，我已经给你设定了这个悖论，即艺术和教育的冲动与它们所有的种种修饰和变体，实际上是人类对自然的一种服务。但是我们很久以来在其中已是统一，人类活动的各条迷途之河都向着自然之海洋奔流，如同它们自它流出。人们走这条路，大部分都是盲目的，常常以懊恼和反感，更经常的是以丑陋卑贱的方式，以此显示他们睁大眼睛，快快乐乐，尊贵高雅地走这条路，那是哲学，美的艺术，宗教的工作，而它们自身也是出自这种冲动。哲学把冲动引入自觉，指出它理想中无限的目标，并以此增强它，改正它的缺点。美的艺术把这种冲动，它的无限的目标展现于一个生气勃勃的画面中，在一个塑造的更高的世界中；而宗教教导它，它正在寻找的、想要创造的世界就在此处，也就是在大自然中，在它自身之中，在环绕四周的世界中，就像一个被遮掩的设施，像一种将会被展开、预感和信仰的精神。

哲学和美的艺术和宗教，大自然的这些女祭司，因此首先作用于人，在此也首先为了人，当她们把高贵的方向和力量和快乐给予直接对自然从事诚实活动的人时，她们也把那种作用施加于自然并且也真正间接地作用于它。这三者，尤其是宗教，也施加这种作用，自然把物质材料奉献于人的活动，它像一个强大的驱动轮，而人本身被包含在它无限的组织之中，因此人并不认为自己是主宰和主人，而是在他所有的艺术和活动中谦卑低下地面对他自身携带的、围绕他四周的、并且给予他物质和力量的自然的精神；因为艺术和人的活动，无论他已经做的和能够做的，都不能带来有生命力的东西，人的活动所转变和加工的原始材料，都不能创造它自身，但它能够培育有创造性的力量，但是这种力量本身却是永恒的，而不是人手造就的。

关于人的活动和自然，已经讲了这么多。我想要，也能够向你展示它如何在我心中，以何样在我眼前，假如我直视我四周的人们以及他们的每一个世界，因为它给予我巨大的安慰和宁静，尤其让我与各式各样的人类辛劳和解，给予我对所有积极和深度地参与人的繁忙和痛苦的一种深深的宽慰。你没有什么小的打算，亲爱的弟弟！假如你想要展示一个美学教堂的组织，你不必惊奇我竟然懂得这么多，假如你在进行中遇到看起来你几乎无法逾越的困难。要从总体上展现理想的各个部分并且从哲学上阐释它们之间的关系，已经是足够困难了，全部人类社会的理想的哲学阐释，这个美学的大教堂，在其整体上甚至更加困难。勇敢地做吧；力量的训练最好是在最高处，你无论如何都会从中获益，如果你能彻底地理解所有其他的社会关系，它们的过去和未来，那你就会容易得多。

我如此深陷在对我们的亲人们的思念中，以至于我没有别的额外时间，让我能和你交谈得更多。

我反正必须等待一段时间，再给你写有关我的确定的事，比如我考虑将来怎么生活，我可能什么时候能去你们那里，您们亲爱的！——哦，我欢呼，这些都是善良的人，当我阅读了你们的三封信，我高兴得哭了。

我还从我的悲剧《恩培多克勒之死》里抄录一段作为结尾[1]，这样你可能会看到，这个作品的精神和曲调，我眼下正以长久的爱和努力付诸其上：

哦，那时光！

你们爱的欢欣，因为我的心灵
已被众神，如英迪米翁，唤醒，
孩童般的懵懂，已得到启蒙，
她迸发生机，那青春永恒的蓬勃，
伟大的生命之神
美丽的太阳！人们未曾
把我教诲，我自己的心驱策我
从不朽之爱的向着永恒
向着你，向着你，我不能
找到圣洁之物，你宁静之光！如你
不为生命，将你的时日吝惜
无忧无虑挥霍你金色的丰余，
于是我也把你的赐予，
那世俗者，最美好的心灵愿意
并无惧且开诚布公地给予

1. 这一段抄录自未完成的悲剧《恩培多克勒之死》草稿第二部。

我的心，就像你，最真诚的大地，
命运多舛者，让她的生命洋溢
青春的喜悦，直至最后；
我曾常常在甜蜜的时光允诺，
与她结成高贵的生死同盟。
此时林声飒飒，此前似有异音，
你们群山的清泉潺潺低吟——
你所有的快乐，大地！真切如她，
因努力和爱而成熟，温暖而充盈，
你把她全部予我。而当我常常
在宁静山巅坐看，惊诧
人们交替在疯人院沉思冥想，
我被你的千变万化深深打动，
并且预感我自己的衰败萎靡，
然后，以太的气息就像你
萦绕我因爱而伤的心胸，
像火焰的云雾，升上穹苍
蓝天，融化我内心的忧伤。

生活幸福，亲爱的卡尔。一旦你的业务和你的环境赐予你时间，即刻给我写信。

你的

荷尔德林

我感到别人难以理解的痛苦

致母亲　　（赫尔山前的霍姆堡，1799年6月18日）

最亲爱的母亲：

假如我没有别的什么可以让自己高兴并让我的心来致谢和相信，那么，一颗像您的一样的心有这种善良和爱已足够。相信我，尊贵的、我尊敬的母亲！在这种纯粹的关怀中，您对于我是神圣的，当我对此不懂得珍惜的时候，我必定是一个无感觉的人。不！在儿子和母亲之间起主导作用的虔诚的精神，在您和我之间不会消亡，哦，这都是善良的人！我必须对自己说并且因高兴而流泪，因为我读了您的和妹妹和弟弟的三封亲爱的来信。

若是我抱怨，说起我沮丧的时光，您不要把它当作烦躁和软弱，那与我的年龄和性别特别不相称。我自己的痛苦常常不允许我在每一个人中间寻找安慰，相比有时候在我绝对的孤独之中攫住我的忧伤，这种痛苦还是很小的，在孤独中我思考我们当前的世界，思考其中少有的好人，以及他们因为自身的善良和诚实而遭受痛苦。对此我必须时时感觉到，因为它驱策着我进行我最纯粹的活动。奇妙的是，如果一个人漠然地看待一切，他便毫无进取，如果他畏缩不前，那么他既不工作也不促进任何事物，而为了要生活，要有所作为，他必须把痛苦和希望，把快乐和忧伤组合在他的心胸之中。我相信，这也是基督的感觉。您对此也有同感。

我也多么衷心地感谢您为我敬爱的父亲讲的亲爱的话语。我的尊贵的、善良的父亲！您相信，我多少次想起了他始终快乐的心灵，我想要与他一样。您也是，最亲爱的母亲！您从未给予我悲伤的偏好，对此我当然不能完全纯粹地谈论。我对自己的整个生活看得特别清楚，几乎能回溯到最早的少年时期，我也清楚地知道，从什么时候开始我的性情向着那个方向转变了。您可能根本不会相信我，可是我自己记得那么清晰，因为我的第二个父亲去世。他对我的爱使我如此难忘，因为作为丧父的孤儿，我感觉到别人难以理解的痛苦，我看到您每天的悲伤和以泪洗面，因为我的心灵第一次确认了这种严酷，它永远不会完全离我而去，并且当然随着岁月它只会不断增长。但是，在我生命的深处，我也有一个乐观，一个信念，它们仍然常常以一种饱满的快乐出现，只不过它们不让用如此轻易找到的言辞来表达，如同表达痛苦。让我真正高兴的是，您仍然激励我，让我的青春给予我欢乐。我喜欢梦见自己比现在年轻，现在仍然以所有的真诚和所有的从容做一个真正的男孩子，有时候对人还是那样天真无邪，其结果总是那样敏感和不信任。对此您要放宽心，最亲爱的母亲！我对自己的弱点看得真真切切，但是这总是导向过于理性。

我要给您说一个令人开心的消息。我在斯图加特与旧书商斯泰因考普夫达成了共识，出版一本杂志，由他担任出版人。每月出版一期，稿件大部分由我提供，其余的由作家们供稿，我把他们的支持视作为一种荣誉。我自己的收入一年总计能有 500 个弗洛林，并且从第二年开始，有一段时间我的生存将以一种可观的方式得到保证。我已经做了大量预先的工作，最亲爱的母亲！所以您不要担心这项业务会给我过于沉重的负担。斯泰因考普夫在给我的信里表达了他倾向于做这项事业，他要求我首先告诉他商业上的条件，以及告诉他我对杂志和我的稿件的要求是多少。我将会很明确地开出我的条件，在一年的开始至少要支付给我一百个盾，从年中到年末也要支付这么多，我相信，我既然还有一段时间，就不至于轻易地落到这样的地步，要把您的善良糟蹋。在下一封信里，我会给您写有关这本杂志的更确定和翔实的情况。我将会如此自由地以您认为好的方式收下那100个弗洛林[1]，我将会在精神上和行动上永志不忘。

我多么期盼，尊贵的母亲，再一次见到您和所有的家人们，您可以很容易地想象，只要我的业务和我的小小的经济不那么受打扰，那么我很可能将在秋天回来几个星期。但是我担心，我首先还是需要时间，您将不会感到惊奇，假如我这么急迫地在这件事上把我自己的法则和决心结合起来，仿佛我是在另一个人的支配之下。若是我不做这件事，那么我当前的独立对我更多是一种伤害，而不是好处，最终我将会厌倦于服从任何一种命令。——

请您原谅，我要再一次中断了，但是也已经有点晚了，我也不愿意置身于夜晚的寒冷之中。我的健康对于我是真正宝贵的，因为我在不适当的时间它对于我是须臾不能缺失的并且是必要利用的。向亲爱的外祖母夫人致以一千次的敬意。这个星期我还要

---

1. 100个弗洛林（100 fl.），荷尔德林在写给母亲的上一封信（3月25日前后）中提到向母亲借款。

给尊贵的妹妹写信。我希望您不要让我对一封信等待太久。

您的

弗里茨

请您把这笔钱再保留大约一个月。一旦我预见到某个时间需用，我会随时给您写信告知。现在至少现金还不安全。

彩虹只有在雷雨过后才现出美丽

致母亲 （霍姆堡，1799 年 7 月 8 日）

最亲爱的母亲：

您善意的信，当我收到它们的时候，总是让我像过节一样，每一次都让我仿佛到了家里，您母亲的爱再现我眼前，还有我可爱的家乡和我尊贵的亲人们，都这么美丽，让我的遥远的感觉减轻了很多。对我的健康，您现在可以完全安心了。自从那个晦暗的时候以来，我现在很健康，为这种仁慈的恩赐我快乐地给予感谢，这是我们自身不能给予的，它一直在我的工作中和我的安静时间陪伴着我。

那首小诗[1]您不必感到不安，最尊贵的母亲！它并没有更多的意思，那不过是我希望有一个安静的时间，完成大自然确定要向我显现的那个。总的来说，最亲爱的母亲！我必须请求您，不要把您从我的作品中读到的一切都看得过于严肃认真，诗人如果要展示他的那个小小的世界，他必须仿效创世，那里并非一切皆完美，上帝在那里给善良和邪恶和正义和非正义都降甘霖[2]；诗人必须

1. 小诗（Gedichtchen），荷尔德林的短诗《致命运女神》（An die Parzen）（中文版见《荷尔德林诗集》第 215 页）。

2. 见《圣经 · 马太福音 5:45》，“……因为他叫日头照好人，也照歹人；降雨给义人，也给不义的人。”

常常说一些不真实的和矛盾的东西，当然它们从总体上，犹如过眼烟云，必定会消散在真理与和谐之中，比如，彩虹只有在雷雨过后才现出美丽，所以，在诗歌中，真实与和谐必定出于错误，出于迷雾和痛苦，以便更美丽和更快乐的东西显露。——我以最衷心的感谢向您确认，高贵仁慈的母亲！您这样以所有的方式鼓励我，我向您保证，您的赐福绝不会颗粒无收。

您如此善意地邀请我做的这次旅行，您从我给亲爱的妹妹的信上看到的，我多次尝试过，想在您善意的准许下启程，我多么盼望着这个愿望能够实现。

我现在仍然没有机会清楚地确认您可以用什么方式可靠地把那笔钱寄给我，那么我请您，在您寄出之前，还要等一等我的下一封信。再说我眼下也不急用，假如我去您那里几个星期的旅行在秋天能够成行的话。请您再次接受我对此至诚的感谢！您能给我写信，您现在可以这样无忧无虑地关照并且在安宁中，让我有无限的快乐！

我身体的不适千万不要打扰您的快乐，您在这样的年纪已经为我们做了这么多，您在生活中受了这么多苦，应该获得这么多享受。我现在已经健康了，亲爱的关怀备至的母亲！我能够希望尽快保持这种状态，因为我能如此安静生活一段时间，而没有过度的紧张或者粗暴的打断。请您以我的名义也给我的卡尔以援手，假如他求助于您！向我们亲爱的亲人们致以很多的敬意！我多么愿意得到在您那里与您亲爱的客人们一起的快乐，但是最近要为那本杂志做准备，根本不允许我推迟，为的是尽早定下来，让我现在不能动身。

向亲爱的外祖母大人致以一千次的敬意。

我一如既往是

您的

感恩的顺从的儿子

荷尔德林

现在美好的天气就是我的快乐

致妹妹　　（霍姆堡，1799 年 7 月）

尊贵的妹妹：

我不向你致以歉意了，对你上次亲爱的来信，我怀着感激竟迟疑了这么久，假如我在此期间没有写这么多我不可能推迟的别的信，而不把我置于困境。我也实在是没有时间，因为要找到一个小时也许是容易的，但它对于我却并不容易，当我必须以一种我们两个之间都陌生的曲调工作的时候（这对于我是经常需要的），要返回到我喜欢给你写信的情调，并找到更有兄妹情意的词语，仿佛在那种情调中，人们才能以更得体的方式与那些我们不太信任的人交谈。

我无尽地高兴的是，我们两个之间美好的关注总是一如既往，我们互相之间仍然是从前的我们，我还相信，我们的青春中，没有任何东西能够像兄弟姊妹和亲人之间的爱一样，这样充满生机地延续，我喜欢把它坚持下去，就像我过去时光的一个可爱的遗物，尤其是当我感觉到，现在我心中和我周围，有些东西已经迥异于从前。至于我的心总是驱策我前行，我不能否认，我常常以感激，也常常以渴望回顾我的青春时代，那是一个人更多地以自己的心而不是以理性生活的时代，感觉个人和世界还是过于美好，而不是非要几乎执着追求事业和努力的个人满足。

但是我想，当我感觉到，人不能永远年轻，我还常常喜欢思考，一切都有自己的时间，夏天归根到底与春天一样美丽，抑或无论这个与那个都不太美，相比一个单独的生命期，美丽更多地存在于前后接续的所有生命期里。就像生命期是这样，日子也是这样。对于我们，没有人是满足的，也没有人很美，一个人没有不幸，就有不完美，可是把它们加在一起，结果却是一众快乐与生活！

我刚刚把你的信又重新读了一遍，对您善良真诚的话语，我现在几乎羞愧得仅有如此平常的话应答。

假如我能把我现在正在做的事务[1]引入正轨，能在秋天得到几个星期，找到一个合适的机会[2]，重新回到这里的住处，而不在祖国以任何方式引人瞩目，这样我也许也能赐予自己机会，善良的！在你的和你亲爱的丈夫的陪伴下并与你的孩子们，以及我们其他尊贵的亲人们又一次安安静静地生活。

假如我能在受到欢迎的时候也带来这么多快乐！但是那意味着什么？我们已是故旧，又重新见面了。这就足够了。你允许我在你幸福的屋子里居住，仿佛我也属于这里。——什么时候以及在哪里我可以请你再一次到我这里做客，亲爱的？就我的经济状况来说，是足够的。几个漂亮的小房间，其中一个是我住的，用纸板装饰了四大洲，有一张大桌子在餐厅里，那也是卧室，有一个

1. 事务（Geschäffte），有关办杂志和悲剧《恩培多克勒》相关的工作。
2. 机会（Auskunft），荷尔德林担心，他长时间没有固定职业，有义务回符腾堡主教管区居住并任代理牧师。

五斗橱，小房间里有一张写字台，钱箱保管在那里，另外还有一张桌子，书籍和纸张放在桌上，窗前还有一张小桌子，挨着树，我实际上是把那里当成家的，并且驱策着我的生命，我有四把椅子，也为接待几个好朋友，法兰克福的充足的衣服都在这里，简单便宜的食物，但很健康，屋子外面有一个花园，房东在那里赐给我一个凉亭，还有附近惬意的散步，有钱花，生活就会过得简单顺利，接下来我可能就是有500个弗洛林岁入的自己的老板，关于这个，我会在下一次给你详细写。可能有一段时间就够了。谁知道，我离或早或晚的写作成书并且获得幸福还有多远，到那时候我将第一次让自己光彩夺目，并且邀请你来做客。

最好的！原谅我这些空话！我也是这样一个随性的人，人们说起来，半是玩笑、半是认真，是得体的。我顺便允诺你，我绝不会漫不经心地过日子，我会接受每一个应当给予我的市民的关系，假如它适合于我，我会以快乐适合于它并且把我立于其中。我迄今仍然有一条底线，我可能会不得不在没有自己的炉灶，也没有自己的办公室的情况下生活，而我们善良的母亲不会觉得那样很困难。

我非常不愿意的是，我们善良的母亲在我大学学生期间为我做了那么多，我必须向她承认，在这几年里，我从法兰克福带来的东西，并非如我所想，而是不敷所用，因为我的小毛病，以及我所必需的膳食每四分之一年的变化，还有严酷的冬天，一些其他的支出不可预见。然而，我急迫地并且一再重复认真地提出，她将要寄给我的那一百个弗洛林，以及我向她要求的在紧急情况下的一切，不应当不予关注，而不仅仅是前面的时间，还有很多情况也要求以这种方式驾驭。此外，我认为这是善良的母亲的慷慨，还有我们尊贵的亲戚，他们以这样的信任助益于我的状态，特别是我们亲爱的卡尔，在某些方面，他比我更有权利支持他的母亲。

我现在得益于持久的健康，让我这段时间能够更开朗、更积极、更安静，你不要对此误解我，最好的妹妹，假如我同时也向你承认，我的勇气和我的精神力量有多么依赖我的躯体。但同时，小毛病也在某种程度上让我不舒服，当然，它们也这么经常地依赖于心情，哪怕最违心的不愉快的想法常常突然使它们复活，反过来，它们也削弱我的思考，使它失灵。我的意志和我的耐心只能持续这么久，但我不会怏怏不乐，不让人感到为难。原谅我，我又给你说了这些。

在这里，山上的空气比在法兰克福或者我们那里，是极其严酷的。这是我对这个地方和地区唯一反感的。老天爷原谅我，现在这里的夏天也是如此地舒适。

你看，我几乎是过于温柔，因为我是在同温柔的妹妹的心交谈。但是这没有什么妨碍，只要我仍然有一点点与之不同的地方。我常常对一个粗野的朋友[1]说这些，他就在我的附近；对于我们承认是真实的和好的东西，我们必须是坚定的、真诚的和无情的，但我们绝不是要把自己变成钢铁，诗人们对此尤为感激。

每个人都有自己的快乐，谁会完全拒绝快乐呢？我的快乐现在是美好的天气、明媚的阳光和绿色的大地，我不能为这样的快

1. 朋友（Freund），辛克莱。

乐指责自己，它该怎么称呼随它的便，现在我的附近没有别的人，假如我还有一个别的人，那我绝不会把这个遗弃和忘记，因为它不干任何人的什么事，也不变老，而精神从它之中却找到这么多意义；假如有一天我变成一个满头白发的男孩，那么，春天和早晨和晚霞将让我一天比一天变得年轻，直到我感觉到那个最后并把我置于空旷并且从那里出发远行——向着永恒的青春！

问候你的亲爱的孩子们。你如此正确，最尊贵的！假如我能做出一张干净的脸，做出一副世界上根本没有困境、没有纷争、没有风霜和不公的样子，一副根本没有在生活，一副我和其他活着的人根本没有心，也没有灵魂的样子，那么，他们是我真正的慰藉。

生活幸福，最尊贵的妹妹！代我向你的尊贵的先生致以问候，并对他说，我在心里如何经常与他生活在一起并且尊敬他。

一如既往的——

你的兄长

荷尔德林

感谢母亲慈爱的资助

致母亲　　（霍姆堡，1799 年 9 月 3 日）

最尊贵的母亲：

一千次地感谢您亲爱的信给予我的快乐，因为我现在再一次得到了亲爱的家人们的消息，并且不再因为您，最亲爱的母亲，生活在忐忑不安之中。

我相信，根据我对邮政运行的理解，也根据今晚我对这里的邮政师傅进行的询问，我们可以对这笔钱完完全全放心了。极有可能的是，从 8 月 20 日以来，邮车根本没有到达过法兰克福，它这段时间在某个地方耽搁了，可能是在海德堡。我想，斯图加特的邮政师傅已经通过信件邮寄得到了有车的消息，因此他不可能不告知您钱在何处的消息。

您可以进行咨询，首先，不要让咨询看起来好像是要求做出说明；我自己会明天通过我的房东[1]在法兰克福进行询问，他正要去那里，询问邮车从 8 月 20 日起是否已经到过法兰克福一次，我对此是怀疑的。无论如何，我会明天或者后天再给您写信，这样您可以更加确定您至少可以收到我的一封信了，我还有可能在最

1. 房东（Hausherr），荷尔德林在霍姆堡租住的房主格拉泽 · 瓦格纳（Glaser Wagner）。

近的信里写上关于这件事的最新情况，所以我请求您，有了这封给斯图加特的邮政师傅的信，您再等几天。邮政支票的有效期保持整整四分之一年，我还听说，假如这笔钱遗失，他必须补偿给您。假如他不能找出在何处、因什么人而丢失，那它就不会丢失；但是我对这种可能性完全没有担忧。

我为此衷心地感谢您，最亲爱的母亲，感谢您善意的资助，我希望，您很快再也不会因为我而有这样大笔的支出了。我完全可以想象，在目前的情况下，有多少对您是不必要的。至今，我还不需要紧缩我习惯的生活方式，我希望，以您已经给我寄出的这笔款项，直到我找到一个更可靠的生活前景这段时间，已经够了。

我的杂志出版之事一直还没有定下来；席勒近日写信给我，他非常不建议我从事这种职业，那会让我的工作变得过于依赖；但是我想写信给他，谈谈我的状况的特殊性，也许他能够提出一些与我的愿望相一致的建议。关于我的情况太多了，亲爱的、尊贵的母亲。——辛克莱今晚在我这里，他衷心感谢您向他表达的信任；我在遇到难处时肯定可以依靠他；——还有我的规规矩矩的房东，当他听说我缺钱，主动向我表示，当我需要时他会自愿帮助我。好人们对待我都真心诚意，向我做奉献都不带私利。

我多么担心[1]我的善良的妹夫先生，还有我的尊贵的妹妹！但愿我的担忧是完全没有根据的！我为这个高贵的人和我的妹妹和我们所有的人祈祷。

1. 担心（bedaure），荷尔德林的妹夫布罗英林（Breunlin）因病于1800年3月2日去世。

您的

弗里茨

我希望，最亲爱的母亲，您在纽尔廷根一定要保持安宁。只有布劳博伊伦的形势[1]让我有一点不安。但是直到目前为止进展还一直是好的。我们在霍姆堡和这个地方还是很安宁的。

1. 形势（Lage），荷尔德林的妹妹居住的布劳博伊伦（Blaubeuren）此时正处于奥地利军队的战区。

我生而为之的事业是高尚的

致母亲 （霍姆堡，1799 年 11 月 16 日）

最亲爱的母亲：

我完全能想象，您这次写信可能不得不有所拖延，而我宁愿顺从于您，因为我一直在想着你的亲爱的客人和您的旅行，一定会给您带来快乐和健康。假如我能参与您生活的这个幸福的圈子，假如您在与您的人交往中得到的满足也有我做出的奉献，那将是多么快乐。但是我相信，假如我能延迟我的拜访，直到在我们的国家和在路上更安全一点，我会顺从您的意见。我这些天十分担心罗西高那边的人，因为我猜测，交战[1]必定有一部分就在那个地点，或者离那里并不远的地方突发。现在我们家的人，至少在一段时间里，要再次保持安宁。

在我们这里，人们获悉战事仍然只能通过报纸，它真正是赐予霍姆堡人的，因为这里已经是很多年之后渡过的第一个冬天，没有外来的餐饮和同屋的客人，没有战争的喧嚣和战争的重负。我常常惊奇，这个地方是如何成为多多少少几乎常态化的战争的舞台，然而他们这么快就复原了，人们大部分都能照常维持他们

1. 交战（Treffen），从 1799 年开始，符腾堡的西北已成为很多军事冲突的舞台，11 月 3 日在罗西高附近爆发了一场战斗。

的家务和生活方式，一如以往。

为了做好我的事情，我抱歉的是，有关我的愿景，我不能更多地告诉您，那实际上会让您比我更不舒服，因为，假如以我目前的生活方式，我还不曾体会过那种不可避免的不便，假如它在一开始就不足以应付我的生活，那我将永远感到满足。我深深地知道，我生而为之的事业是高贵的，它是有益于人的，只要人经过一种正确的表达和训练。怀着这个志向和目标，我以安静的活动生活着，当我常常被提醒，（不可避免地）我可能在人群中被廉价地低估，假如我通过世俗生活中一个受人尊敬的职位而得到承认，我轻易地承受它，因为我懂得，并且在真理和美的快乐中找到我的补偿，那是我从青年时代起就在宁静中献身的，我彻底决绝地从生活经历和启发中返回的。假如我的内心用一种清晰和细致的语言无法正确地表达，一个人如何过多地依赖于幸福，所以，我知道我要的是什么，——我想要的比我很少的尝试所表现得要多得多，从我所见所闻中我也能希望，我的事业，即使在一种不高明的阐释中过去和现在被一个疑惑的心灵理解和赞同，我的此在也绝无可能在地球上不留下一个痕迹。

我向您做这样的坦承，最亲爱的母亲！是因为，因为我必须为了我自己的平静和安宁，把我当前的生活，尽一切可能如此诚实和完整地呈现给您，更重要的是，您一直以您仁慈的支持在这方面帮助我。

我最礼貌地感谢您的邮寄。诺伊菲尔直至现在一直妥善地保存着，因为不安全的路况。我能够用它应付绝大部分，以一部分我将用作未来的旅行。在一定程度上让我对额外支出安心的是，即使是作为代理牧师，如果没有一些帮助，我也是不能生活的，我在家庭教师的生活中已经忍受了很长时间，从这一点说还是有利的。

我多么高兴，您能在每一个方面都对我们的卡尔感到满意！而我多么赞赏他能够把自己的力量如此小心地集中和应用在他所处的状况中！我从心里和信念中尊重每一个以这种方式把世界变得有用的人，我常常十分遗憾的是，当我有时候看到，人们大部分在另一方面并非真的如此卑鄙，而是也让另一个人公正地对待他，而那个人因为他的工作和行为的方式，在某种程度上是脱离了特定的活动范围的，他要生存下去，只有以勇气以自己的方式确立自己，并且像别的人一样，正视和承担自己的命运。这就是我生活的慰藉和准则，没有人在现实中会是其全部，他必定是其中的某个，并以他的等级和他的特殊生活方式的有利条件，也承受由此而来的必要匮乏。

一千遍地感谢您，我的母亲！感谢您在这方面如此温馨地关爱我，可我在任何方面还没有为您做过什么，您和我的所有的家人一定都会赞同，在您的眼前，我显现在那样的光照下，极少可能是一个冷漠无情的人。

我还要特别请求您，当我偶尔在信中做些推论，您不要为此担心。我能关注到人们普遍的情绪和意见之现在的状况，对于我那就是，鉴于我们时代充满暴力的动荡，我想要跟踪一种思维方式，它不是要激活和鼓励人的力量，而实际上以压制和瘫痪活的灵魂为最终目的，而没有了活的灵魂，世界上就不会有快乐和真正的价值。夸大其词和过度作为绝无好处，但是如果人们畏惧一切尚不了解的和不确定的东西，并因此认为，为某种更完美所做的一切努力都比那些已被认定为糟糕和坏的要好，那也绝非正确。这在我看来同样是现在普遍的情绪，因此，它压在我心上，当它很小时，仿佛在起大的作用，因为没有人能够不受别人的这些有害的或者有利的影响。

但是，如果我有一天也像别人一样，不止一天地被这种情绪所牵连，那它必定多多少少在我的表达中显现出来，假如我吐露的是我的心声。

但是我不能让您拖得太久，所以我只能还对您说，我希望，在几个月之后，我期待已久的对您的拜访中，我能对您详细说说有关我未来的存在。

我仍然一如以往，最亲爱的母亲！

您的

充满感激的儿子

荷

我刚刚听说，法国的理事会撤销了把老人送往圣·克鲁斯的建议，波拿巴已成为一种类型的独裁者。

亲爱的孩子们的成长让我衷心地快乐

致妹妹

（霍姆堡，1799年11月16日）

尊贵的妹妹：

我不应当把你亲爱的来信给予的快乐给我自己。我非常有必要以冷静将自己保持在我的轨道上，你的善意的、友好的邀请并未立刻就吸引我注意那些限制我的愿望的情况。——你是十分正确的，尊贵的妹妹！是时候我们重又面对面坐在一起，我心中的想法与你的是多么相似，你从中会清楚地看到，我如此经常地跟你谈起过能够去拜访你一次的愿望。当我迄今每一次都遇到阻碍，为此我也只能让自己耐心地适应，因为我不得不做一些与我的愿望不同的事情。这样我就在前一个冬天打定了主意，并且实际上只能接受了我的朋友辛克莱的建议，因为我从拉斯塔特起就产生了要拜访我的家人的想法，但是恶劣的天气和那位医生，我与他在拉斯塔特必定只能无所作为，迫使我在能够允许自己的时间，在那个地方并且大部分在屋子里消磨，而当我恢复健康，时间对于我已太晚，我再次想到，我的工作已刻不容缓。我常常有这样一个迟钝的头脑，我有时候要几天和几周做的事，别人却很快完成了，所以我需要很多时间并且几乎战战兢兢地节省。

你说，我也可以在你那里从事我的工作。我对这样的快乐太缺乏自制力，因此我不能在必要时让思想集中。我曾这样想过，假如我的杂志能有一点点进入轨道，我就能有几个星期踏实放松地去，或者，假如我没有必要让席勒的一封信来决定是否离开现在的住地，那我就去拜访我亲爱的家人们，但是这么久了，我没有看到那个邮件，因此我确信，我不应当离开部分地给予我生计的工作，至少不等到事情完全就绪，我不能提前离开。我再没有从席勒那里收到邮件。

你的亲爱的孩子们的成长让我衷心地快乐，一个这样善良的母亲也是一种价值。——我必须对你做出坦诚的理解，我常常自责，没有在法兰克福成为一个富有的人，不能给我的外甥们偶尔一点小小的快乐。

但是空洞的问候不是适当的话语，尤其是对小弗里茨，他现在观察和触摸上能比语言更好了。但是我来的时候，要带上什么对的东西，要你来说。

向我的朋友法伊尔致以新生活的所有祝福。

我最高兴的是，你全心全意地照顾你亲爱的丈夫。代我向他致意，向他保证我长久的敬重。

为我保留你的爱，尊贵的！

你的

忠诚的兄长

荷

经历了很多分离和不安，我最终坚定了信念

致母亲[1] （霍姆堡，1800年1月29日）

最亲爱的母亲：

——在我看来，现在用一种新的生活和工作方式中断我当前的职业和研究，既很少可能，也无实际的必要，因为我现在仅在某些程度上受到限制，经历了很多的分离和不安，我最终获得了对我的所作所为的一种坚定信念。我在当前时刻反对一种尝试的理由是，我几乎不愿意请求您做什么。也就是说，假如它失败了，那对我的冷静将是一个几乎最大的考验，那对我太珍贵了，对于我与人交往条件下保持自己的耐心，那几乎是一种太强的探索，我说过，因为我感觉到我必须变得更坚强一点，让我能够面对这样的羞辱，它至少是在一段时间剥夺了我在人群中取得进展的欲望和正确的力量。我必须对您坦承，最亲爱的母亲！此时此刻，我的躯体和心灵的健康，假如我应当说，处在很高的程度。其他的理由是，我在一段时间有某种程度的安全，我们应该关心的必须是，追寻一条生活道路，它决不能非常不利地结束，而是必须坚定地持续下去，直到它展现某种成果，我当

1. 此信系节选。

前的职业需要那样地精力集中和毫不分心，我还看不出来，它是否现在立刻有可能与一个我不得不去适应并且重新学习的办公室职位联系起来。

假如您允许我补充说，我并不比任何别的人差，假如我接受一个少一些财富的未来岗位，那对于我，似乎在紧急情况下是值得做出努力的，然而，我还是要补充说，我的收入将不足，尤其是，假如我保持健康，即使在一个当然绝不会让我变得富有的未来办公室里，我也绝不会考虑彻底放弃我的作家的工作，但是也绝不会如此完全不知感恩。

此外，我先放下您的和我尊贵的妹夫先生的决定的事，因为在短时间里遭受了如此多的痛苦，我已经说了自己的意见，因为我不像您那样在一个位置，根据精确的情况，去评判我是否可能没有一个可观的办公室来保证自己的生存。假如我算入我前年生病所耗费的支出，我发现，500 个弗洛林对于我已是十分充足，我很有可能在斯图加特或在这儿挣到这么多。——您不要责怪我这样片面性地看待事情；就更高的理由和观点来说，我相信，我应该以良心表明，我以我现在的工作已经为人们服务了这么多，并以在牧师办公室里同样的虔诚，尽管在表面上与之背道而驰。我支撑我自己，并非基于我自己的判断，而是根据受人尊敬的人们对我的一些公开表述所给予的真诚的感激。

我这段时间是否从这里出发旅行，完全取决于我的书商将要写的下一封信。因为在这里处理急事，所以，假若我说，一旦我在斯图加特或者这里找到一个更加有益的结果，我将留在这里或者迁移到斯图加特，您不要责怪我。无论如何我必须待到复活节，因为我现在的工作[1]不可能中断这么久。大约十四天之内我可以向您通报有关此事的确切消息。辛克莱本周很可能将去施瓦本，为的是拜访一位皇家军队的朋友，假如他如他所想的那样来到布劳博伊伦，我请求您不要向他提到我拟议中的旅行，假如他没有说起的话；只要我还没有最终确定，我会对他只字不提，因为他不愿意让我离开，而我对整个事情更愿意冷静思考和决定。此外，离开这里将是一笔不小的开支，只是对可爱的家乡的眺望，对我的亲人们是我在整个世界上想念的，所以才要返回，才让我看淡这一笔费用。我在这里已经认识了善良的、部分优秀的人们，享受着一个外来者能够享有的更多的关注和参与，他在这里除了不时表达一些真挚的意见，别无其他可以奉献。——有关我的健康您不必担心，最亲爱的母亲！我已有很长时间享有这代价不菲的健康，更让我高兴的是，因为我总是害怕，那讨厌的战况会一直持续下去。在当地的医生那里，我已经赢得了良好的熟识，他是一个充满热情的、真诚的人，至少，通过他健康的、与人友善的脸，人即刻就能康复。他是一个治疗各种软骨病的人。——您在信中提到的那位死去的龚塔尔特，是我曾在的那个家庭的叔叔。我的可爱的亨利现在哈瑙的一家教育机构学习。我这段时间很少写到他，因为我不能想起这个优秀的男孩子而不感到心酸。离开法兰克福对他来说真的很好，离开那里，他的纯真高贵的品性不是在死亡，而是在成长。——那笔钱我已从诺伊菲尔收到了，您再次向他表达我最衷心的感谢。假如一次旅行不会对您造成任

1. 工作（Arbeiten），荷尔德林希望能在复活节前完成悲剧《恩培多克勒》的第三稿，但该稿始终未完成。

何不便，我还是要对您有一点点请求，不是为旅行的费用，它不会是很大的，因为我还要从法兰克福的书商那里取一笔账。这段时间您以我的名义向我尊贵的妹妹致谢，感谢她亲爱的来信。我本来要在今天亲自回复的，如果说我不像她那样顺利，是因为我的好朋友，那只炉子，想要对我变得太冷，而我必须适应，爱惜和照顾好这三十多岁的躯体。马甲应该很适合我并让我很受益。

一千个的致敬和问候。

一如既往的——

您的

忠诚的儿子

荷尔德林

我确定的信念是，最终一切都是好的

致妹妹　　　　（霍姆堡，1800 年 3 月 19 日）

我的尊贵的：

我本来应该更快地给你写信，假如我不是为了等待片刻，让我能够有一点静下来，以平静的心情思念你失去的无法忘怀的丈夫。

我了解他，知道在他的内心隐藏着多么纯真的崇高和永恒，所以，我才能够想象，他是怎样带着他的欢快离去；这样一个灵魂，就像他本人，已经习惯于用更高的眼界看待人生的痛苦及其变化，并且处处都更加关注在我们存在和生活的地基上所留存之物，对于这样一种心智，死亡更多地只是像一个简短的告别，像一个长久的分离，对他来说，好妹妹！这必定比一次告别你和他所有家人的远行更轻松。想到这儿，我感到宽慰，无论如何我最好的慰藉是，在他那里并通过他，我们所有人现在和永远被团结起来。

首先，我的心哀伤的是，最好的妹妹！我知道，你不再有这个高贵的生活伴侣，而你的可爱的孩子们仍然有一个母亲，她是如此完美地替补这个失去并且是他们的年幼所需要的一切，但是对于一颗受苦的心，这高贵的忧虑必定是沉重的。最亲爱的妹妹！你要保重！为我们所有的人，为你如此真正值得的人！信任你良好的天性，想想，你有这么多幸运的赐予，它们完全是为了更轻松和更顺利地应对生活中的种种遭遇！我那么经常地羡慕你美好的宁静和忍耐，每当我在自己的道路上艰难而行，我总是多么努力地要学习你的天生的品格！我们善良的母亲的陪伴和支持给予你足够的慰藉。有她的这样一颗如此经受考验的心，在它的旁边就足以安宁，这必须是你的一个愈益坚强的想法，你的孩子们对于我们，就像我们的童年一样，我们感谢他们是因为他们是我们拥有的最好的。此外，你还有善良的人们围绕你身边，以及上天的赐福，你不会缺失，它笼罩我们，治愈一切。

假如我能是你的一点什么，你只需说就行了。眼下我的工作十分急迫，一旦它能有少些允许，那样就没有什么能阻碍我立刻就来，而我想，亲爱的！我将会对你有用，因为我在这个世界上已经学会了承受，据我多方面的经验，我对你和我们家人的忠诚将变得更彻底和永恒。你和你的孩子们有我这样一个终生的忠实的朋友，这你应当相信。看！善良的、尊贵的妹妹！这在我的眼睛里是宝贵的幸福，它太稀罕了，那是兄弟姐妹之间一种如此真挚的和谐和尊重和快乐，那是我们有一个这样的母亲。

珍惜你自己的健康，亲爱的！快乐地生活。对那些离开我们去往安宁和新的青春的人，这是一种赐予；但是我们的生活也是好的，上帝也在这儿，我相信，这里的生活也还会越来越好。我还想对你说很多对我自己是安慰的话。我常常有这样的经验，就像一种呼唤，它出自我们灵魂的神圣，在深深的悲伤中使我们幸福，并且能够创立新的生活，新的虔诚的希望。有一个我常常想得特别多，那些在我们之中、在我们身边的活着的人，从所有永恒的肇始，就比所有的死者更加强大，而这种不朽的感觉常常以我的名义和所有在我们的眼前活着的和死去的人的名义，使我快乐。所以，我的确定的信念是，最终一切都是好的，而所有的悲伤仅仅是通往真正神圣的快乐之途。

让我搁笔吧，最尊贵的！我很快再给你写！也给我们亲爱的母亲！还有弟弟！你们和我在一起，你们亲爱的！你们为我和我们家人保重！

你的

永远忠实的兄长

荷尔德林

我希望，这一次我们的国家能够扛过去

致母亲　　　　　　　　　　　　　　　　　　（霍姆堡，1800年5月23日）

最亲爱的母亲：

在收到您的信时，我几乎已经为旅行做好了准备。此外，给您造成了一些不安的那些消息[1]，也让我在做决定上有了某种程度的疑惑。我让人在法兰克福询问，邮车现在还去吗，人家答复我是肯定的。现在我相信，再过几个星期，相比现在，至少对于我的旅行，事情将不会有这么大的阻碍，因为我不可能直接搬进我的住处[2]，所以我将采用折中办法，让我的出发尽可能地推迟，直到您把我在斯图加特的住处告知我，这样我可以在抵达时搬进去。因为我的工作，我不得不失去一些时间，因此我在斯图加特必须尽可能快地投入工作。

此外我还要请求您，为家具[3]尽可能少费心，少花钱。我刚刚还想到，或早或晚，还会有一个外国[4]的职位给予我，所以我在其中和其他的考虑中有一个理由，并不准备自己长住。* 假如我的健康能够像现在这样有把握，那么我也会想到，我的写作工作将

1. 消息（Nachrichten），指有关法国军队在莱茵河和乌尔姆等地的战争。
2. 住处（Logis），荷尔德林应邀到斯图加特的商人兰道尔家里居住。
3. 家具（Meubles），荷尔德林的妹夫去世后，妹妹及孩子迁回母亲家居住。
4. 外国（Ausland），指符腾堡以外的地方。

能够总是这样不致中断地延续，并以此为生。但是我也想到，不唯专注于此是好的，所以我正想着很快做出决定，能够在斯图加特开展副业。当然，如果我要听听人们和朋友们对我和我的事业的评论，我必须忍受人们对我的一些曲解，那么我有时候就很想问，我为什么非要在这个市民的世界里穷于应付呢？此外，长久以来，我看不到自己的另外的出路，所以我认为，我必须走那条我自己选择的道路，并在其中尽可能好地发现自己。

这些天我也体验了一次快乐，它也能给您带来快乐。法兰克福的一个商人，我仅仅在那里居住的时候见过他一次，他用那样一种出乎我意料的方式把一本书作为礼物给我，这意味着不仅仅是一种关注，虽然这本书的价值可能低于100个弗洛林。我会去拜访这位高贵的人，并向他表示他应得的感谢。

但愿您能善意地给兰道尔写信，他通过法兰克福的科林先生，或者任何他喜欢的人**，给我汇6个卡罗林。假如我不需要您的信任，我就不烦扰您了，既然你无论如何要给兰道尔写信，那么我认为还是比我自己给他写好。这笔钱是绝对要汇的。

我本来想，您与我有一个安静的时光。当我要说，我一直不得不让您忧虑和操劳，我特别痛苦，特别是您不得不把您小小的荣誉让我至今在这个世界上分享，并因此几乎得不到任何回报。

我希望，这一次在我们的国家里是能够扛过去的。一千次地问候亲爱的妹妹和所有的人！

我要赶紧，因为邮车马上要走。

永远的和发自内心的——

您的

感激的儿子

荷尔德林

★那个书箱很适合我。

★★我自己也将给他写。

现在和永远都不应当缺少勤奋和热情

致母亲[1]　　（斯图加特，1800 年 6 月或 7 月）

最亲爱的母亲：

我衷心地感谢您慈爱的来信，以及信中包含的美好愿望。我将尽一切努力，使我自己能够无愧于尽快并且持久地达到那个目标。

您可能不会相信，对我的家人，我带着怎样的感激和尊重从这里走上我的道路。忠诚、善良的灵魂的关怀和鼓励，在我人生的现在这个位置上，对于我是最大的礼物，它比任何其他的都格外重要。

我发现，在我朋友家的住处[2]和接纳，完全符合我的愿望。

总的来说，我的老熟人们这么热情地欢迎我，以至于我完全可以希望，在这里和平地生活一段时间，相比迄今为止，我可以不受打扰地做我的日工。

我认为幸运的是，一个在公务处工作的年轻人已经给我提供了一个体面且是我期望的建议，我论小时给他讲授哲学，每月付给我 1 个卡罗林。

1. 此信写于 6 月底或 7 月初。
2. 住处（Logis），荷尔德林于 6 月离开霍姆堡，前往斯图加特，住在商人兰道尔的宅邸。

此外我还必须承担一些任务，以便让我小小的经济充实一点。尤其是，我还没有决定，是否要订一张书桌，它也当作五斗橱来用，但是它对于我似乎是必需的常用家具，兰道尔也推荐我，因为在我小小的桌子上我的纸张也不能有序摆放，就像您看到的，我不能总是方便地把我的衣服和要洗的东西等等放在箱子里。

我不需要马上为书桌付钱，所以您也不必现在为新的开支操心。但是假如您有可能，在一段时间内资助我几个卡罗林，让我如此完全安下心来，那我将以最衷心的感谢接受，那么，可能在一年时间里，最亲爱的母亲！不会再让您有负担了。您眼下对我还是要有耐心！现在和永远都不应当缺少勤奋和热情的鼓励和最大限度的约束。

我最难过的是，我现在最想给予其他人，尤其我的家人们快乐，因为我现在总是没完没了地索取，而不是能够给予。

向我尊贵的妹妹致以一千遍的问候！我最近在途中起草了一首致她的小诗[1]，我下一次寄给她，但愿能给她带来一个愉快的瞬间。兰道尔家向您和妹妹致以敬意。我总是希望，我们能有一个短暂的和平[2]，摆脱战争的喧嚣。

我在箱子里还发现了一大堆要洗的白色衣物，您不应感到惊奇，假如您在脏衣服里没有发现相当数量的这类东西。我请求把长裤都修补一下，那些短的花布的就留下。我将在下一封信给您

1. 一首小诗（ein kleines Gedicht），即《致我的妹妹》（An meine Schwester）的草稿。
2. 和平（Friede），波拿巴入侵意大利的战争于 6 月 14 日获胜，导致了法国和奥地利之间的协议，出现了和平的前景，但实际仅是一个停火协议。

写，我这里还有多少衬衣等等，您能够看到，我还缺多少。

请您以我的名义亲吻可爱的孩子们。

永远是

您的

感激的儿子

荷尔德林

书箱和帘子完全看愿望而定。我的东西都已经妥收了。

母亲是我天然的朋友

致母亲　　　　（斯图加特，1800 年 7 月 20 日前后）

最亲爱的母亲：

仅仅几句话，为的是向您致以衷心的感谢，也请您确信，您对我的告诫，肯定不会像以前的那种情况，我敏感地予以接受。

您作为母亲，也是我的天然的和永远的朋友，当一颗您这样的至诚之心为我们拿走了生活中的忧虑和必不可少的疑惑，更是令人尊敬和从心里慈爱的。

您要相信，假如我有时候默默地注视着您，更经常地提醒我注意您表情中的年龄，因为我在心里想，一个人为另一些人付出了多少牺牲，并且，哦！您为我们，尤其是我，付出了多少爱，还有很多力量，它们都在为我的操劳和努力中耗费了。但我极少向您如是说，那只是因为，我宁愿把这种想法守护在心里，为的是尽可能地在一种与您相称的生活中，把它坦承。——

我希望，您现在能够再一次因为我的需要而安静一段时间。我已经从我的出版人[1]那里收入了几个卡罗林，这样我就可以，除了那些善意的邮寄，支付那张书桌并且还能满足一段时间的家

1. 出版人（Verleger），拟议中的诗刊的出版人斯泰因考普夫。

用。我还再次从书记员古切尔先生那里得到一份授课的新的申请，他是我在拉斯塔特认识的。

可能簿记员弗里什先生想要分季度支付给我，因为我还没有从他那里获取过，但是我知道，无论如何，我可以信赖他的慷慨。

我们的卡尔的来信实际上是写给您的，我必须一千遍地请求原谅，我上次又忘记把它寄去。我那时候实在脱不开身。

致以所有衷心的问候！

一旦我的工作允许，我当然要去拜访您。

您的

忠诚的儿子

荷尔德林

我感到久已缺失的满足和安静

致母亲[1]

（斯图加特，1800 年 7 月）

最亲爱的母亲：

因为我眼下特别忙，为的是我到罗伊特林根访问之前完成一些工作，所以这次您必须对一些用语有所包容。对您亲爱的来信致以我最衷心的感谢！昨天我还收到了您上次往霍姆堡给我写的信。

当我想到，自从我改变我的居住地以来，我有多么强烈的负罪感，因为我现在的状况每天都变得更适宜于我的目的，并且让我的生计变得更可靠，因此我感觉到我久已缺失的满足和安静，我希望情况能这样保持下去，这种状况首先要确定和快乐地感谢我的亲爱的家人们，还要感谢我心中的朋友们。我现在收到三个授课的建议，都对我很适宜。

我在美好和富有意义的社交中度过我的节日时光，我自己的业务也仿佛让我的心灵变得更轻松和更纯粹了。

我们的特别优秀的卡尔也不会再对他的状况长久地捉摸不定了。……

1. 此信系节选。

人们纷纷谈论即将到来的持久和平。——

您的

感激的和忠诚的儿子

荷尔德林

我将全心全意做应该做的事

致妹妹　　　　　　　　　　　　　　（斯图加特，1800年10月上半月）

我的尊贵的：

我仅在此给你写最必要的事。假如对你们亲爱的来说是适宜的，我本周可能会来，至少要在你们那里，天南地北地跟你们谈几个小时。

兰道尔似乎十分希望我留下来，并且已经做了安排，我可能会得到一些信息[1]，比每个月3个金路易更多。我对此是否已经达到了我们大家都希望的，可能仍是个问题。这段时间我还没有得到来自瑞士[2]的答复。我的建议，它尽可能地不问内心而尽量公正，我因此而受到欢迎，因为我想以完全的意愿做应该做的事情。天知道呢！我仅仅问，什么是必要的？而我已经准备好，把自己献给所有必要的一切。但是当我们尽可能地对此深入观察，我们也会在这种或各种情况下，在精神上得到所能享有的信心和快乐。

只是，从我的心中，信仰和爱以及希望永远不会减弱，因此我向着应去的地方前行，并最终一定会说：我生活过了[3]！假如既

1. 信息（Informationen），指授课的职位。
2. 来自瑞士（aus der Schweiz），康慈在1800年12月4日写给荷尔德林的信中提到在瑞士的一个家庭教师职位。
3. 我生活过了（Ich habe gelebt），引自古罗马诗人贺拉斯的颂诗第三卷第29首。

没有自豪也无迷惑，那么我就应该说，我经过生活的考验，一步一步地变得更坚定并且更强大。

兰道尔夫人让我向你代致问候。她说，那些硬币实在根本不那么值钱。

向所有的人致以衷心的问候！

你的

忠实的兄长

弗里茨

让我内心变得越来越坚强

致妹妹

（斯图加特，1800年10月中）

我的尊贵的：

我因受阻，明天不能来了，但我希望能够确定，下一个星期天见到你和我们亲爱的家人。

美好的秋天让我的健康格外地好，我感觉到自己在世界上清爽自在，还有一种新的希望，并且让我有一段时间在人群中做自己的事，不断地在我内心变得越来越坚强。

最好的妹妹！正如我听说的，你也在神祇的土地上重新更加坚定。我们还共同拥有很多美好的日子，尤其是，当和平最终实现，我今天听到一个法国军官说，应该是已经确定了。

我们在这里有坚固的住处。你们至今在这样的环境中仍要保持冷静，我的亲爱的！

问候我们尊贵的母亲们[1]和你的孩子们！

你的

荷

1. 母亲们（Müttern）荷尔德林的妹妹在丈夫去世后搬回母亲的家里，居住在一起的还有外祖母。

那是怎样一种美好和高贵的天职

致妹妹　　　　（斯图加特，1800 年 10 月底）

最尊贵的：

为我在你们中间度过的幸福的时刻，我再一次从心里感谢你和我们善良的母亲们。那样祥和的日子是我们生活的奖赏。

你的信让我非常感动，但是一种慈爱的宁静也给予了我这样的想法，我与你，善良和我的家人们在如此最真实和最神圣之中联结在一起。这久驻我心，在最终，在过于巨大的孤独中，它的声音过于经常地失去并在我们面前消失。在我们之中没有了这种善良的虔诚的声音，还谈得上什么一切智慧呢？

对你的女友的拜访我将在明天进行。今天我有点累。

我能不能向你建议，你常常到空旷中，到这个美丽的秋天中走一走，在美丽的蔚蓝的天空下恢复宁静和健康？

我从自己的经验知道，这多么有益，你不能缺少陪伴。

你亲爱的孩子们对于我是一个财富。他们对于你将是多么巨大的呢？

人们很少找到这样出身幸运并且健康成长的造物，而你自己知道，那是怎样的一种美好和高贵的天职，管理好一种这样的财富并且帮助他们自然地成长。

我向他们致以问候，正如问候我们尊贵的母亲们！

你的

忠诚的兄长

我总是能不断与我的心谐调

致妹妹 （斯图加特，1800 年 12 月 11 日）

我的尊贵的：

我没有拜访那位不速之客[1]，当然是不对的，我请求你们和他原谅。但是上个星期六，在我应该去拜访时，这么多事情一起向我而来，假如你能从里里外外看到我，你必定会非常自然地发现，我的精力分散到我要诚恳地说，我忘记了。

我几乎遭到我的朋友们无情的冲击，要我留下来，各式各样有趣的授课建议也在同一天向我提出，而同时，我也在必须做的所有散步中，以及里里外外的喧闹中，给予那个我喜欢的陌生人一个决定性的答复，并且滔滔不绝地跟他说很多有关我的未来状况以及他的家庭和他和我。我向你坦承，尊贵的！我知道，无论我的决定与我的内心多么矛盾，我总是能不断与我的心谐调。如果你能够看见或者应当看见我，我内心对安宁和沉静有多么深深的、急迫的需求。假如我能在我未来的处境中找到它们，那我将让我的心对我不能忘记的亲人和朋友保持这样的温暖和忠诚。我无法忍受这样的想法，即我和其他很多人一样，在艰难的生活岁

1. 不速之客（unerwarteten Gast），很可能是与荷尔德林联系家庭教师事宜的伊·封·龚岑巴赫，荷尔德林在 1801 年 1 月 24 日致母亲的信中提到他，但未说名字。

月里，一种甚至比青春时期更甚的、使人麻木的不安，围绕着我们的内心，而我为了从中脱离，变得如此冷漠和过于羞怯，甚至于封闭。事实上，我常常觉得自己像冰一样，并且觉得，只要我一天没有更宁静的平安的处所，那里有关我的一切都不能亲近我，因此很少能打动我，那我就觉得必须那样。我相信，对于我的状况，也适用于我的家庭，这是促使我做出决定的主要原因，很多事情的两面都是相同的。我当然只是粗略地跟你说说。口头上解释我自己，说多少可以随你的意愿。——我们始终如一，亲爱的尊贵的妹妹！以及我心中所有的你们亲人和朋友！假如我还能和我们的卡尔说说话，那对我是多么好。抓紧给他写信。我真的有很长时间没有跟他说话了。不得不书面上跟他告别，是完全违背我的心愿的。他应该让我快乐，假如他能。

我将在你和我们尊贵的母亲那里至少度过部分的假期，离开纽尔廷根，但是我的作用至少是，假如亲爱的母亲认为那样很好，就从这里寄走我需要的最重要东西。我在这里没有更多的支出。我相信有一双靴子是必须的，这就是全部。假如亲爱的母亲能够给我搞到几个金路易作为旅费，那我倒宁愿是借用的。根据承诺，旅费是要归还给我的，而且可能很慷慨，那样的话，我可以用钱的形式返还我携带的物品，并用其余的钱支付随时出现的费用。我将一直待到假期，因为我在这里还有课要上。——下个邮政日我再写，不会像今天这样急匆匆地。请原谅！今天是兰道尔的生日[1]，我整个上

1. 生日（Geburtstag），兰道尔为他的生日邀请了众多客人，人数跟他的岁数一样大。荷尔德林可能为此写了韵律诗节《致兰道尔》以及颂诗《祖先的画像》，中文版见《荷尔德林诗集》第 363 页和 359 页。

午都不时地被打断，而现在马上要去餐桌。你会发现兰道尔这个人，当我不在时，可以当作你的兄长的。相信吧！我们之为我们自身，我们所有爱的人之为我，都是不变的。

你的

荷尔德林

你会抵达更高的目标

致弟弟　　（纽尔廷根，1800 年和 1801 年之交）

尊贵的弟弟：

我在从斯图加特来的路上已经收到了你的信。兰道尔把它转给了我，他遇到我时，我满脑子各种各样的想法，它们促使我离开了斯图加特和宽广的道路和宽广的世界。

我感觉到无穷无尽的生命勇气，它充满着爱的信任，引导我们，常常默默地，常常在其中充满快乐的力量，走过存在的所有阶段，我再一次感觉到青春的和智慧的精神，如果我们能够认出它，他必定会显现，你的纯真虔敬的告别语，是唯一能够纯洁和美化这种情绪的。

在我踏上旅途的地方，我从精神上回答了你多少问题！是啊，我应该说，我满怀着对你和我强大的安慰，对这些我们天赋的声音我至今没有忘记。

离开斯图加特之前我还会再给你写一次信。我还要在那里住几天。在这段时间，让自己满足于这些轻快的词语并且把我心里宁静且不可言说的快乐放在你心上——让它们保持，直至它们不再是朋友和兄弟的孤独的快乐——你问我的是哪一个呢？

尊贵的心！我们的时代近了，对于我们，现在正在实现中的和平[1]马上就会把它带来，它，只有它才能带来，因为它将带来很多人们期盼的，但是，它也会带来很少人预感的。

这绝不是任何一种形式，任何一种意见或主张将会胜利；在我看来，这绝不是它的赐予的最本质之处。但是利己主义会以它所有种种形式屈服于爱和善良的神圣法则之下，凌驾一切之上的公共精神[2]会流行，在这样一种气氛中的德意志之心，拜这个新的和平之赐福，将会真正地盛开，就像生长的大自然一样，无声地伸展它神秘的远达天边的伟力，这是我所认为，这是我所看见并且我所相信，这是我所以满怀信心地展望我人生的另一半。

对你纯真、无所欲求的人生旅程，要乐观，善良的弟弟！你要保持健康，节俭；风暴已经过去，要快乐，你曾在可靠的隐藏中从远处听到了它，你为更好的时代保持了心灵的纯洁和充满爱的无惧，我相信，你会抵达更高的目标，你属于那里，你沿着坚实的道路抵达。你不会忘记那些，就像我一点也不会忘记你一样。

我们要更经常地写信，也要尽可能多地往来。我离我的家人仅有三天的行程。也会离得更远，你知道爱和信仰如何把我们联

---

1. 和平（Friede），1801 年 1 月 2 日，第二次反法同盟战争的奥地利一方开始与法方进行和平谈判。

2. 公共精神（Gemeingeist），这个词在荷尔德林诗歌中只出现两次，一次在《帕特摩斯》第一稿本的草稿页边，原文：Die Geister des Gemeingeists/ Die Geister Jesu/ Christi，直译为：公共精神之神 / 神耶稣 / 基督。第二次在《唯一者》第三稿本，原文：Wie Fürsten ist Herkules. Gemeingeist Bacchus. Christus ist aber das Ende. 直译为“诸侯般的赫拉克勒斯。公共之神巴库斯。但基督殿后”。

可见，荷尔德林使用 Gemeingeist 这个词具有宗教的维度，它是“凌驾一切之上”的，期望它如同神一样法力无边。

结在一起。高贵的弟弟！

永远是你的

弗里茨

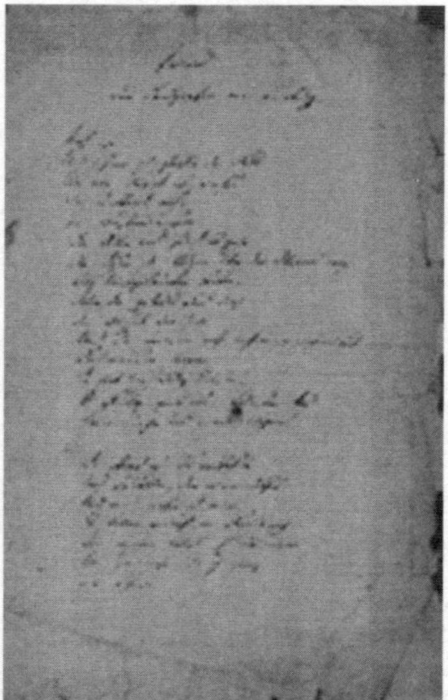

诗《帕特摩斯》手稿

在这个地球上，我将尽我所能，实现自己的目的

致母亲和妹妹弟弟　　（斯图加特，1801 年 1 月 6 日[1]）

所有你们诚挚的心之话语，你们好人！一个字也不应丢掉，还有慈爱的付出也是一样。

我几乎已经到了这儿，有点累，当心胸饱满并且激动时就总是这样，思想更强烈地起作用，而人应当走世俗的道路。但是我却能够把我生活的日子在天地之间演变，把忍让和信仰分开，因此，就值得享有我们希望的香甜的睡眠，还有安宁！

我现在不会让灰心丧气成为我心中的主宰，但是妄自尊大也应当向我们周围和我们之上的一切俯首。当然，我不会不相信，当我做了自己的事情，那么在这个地球上，我也将以人之所能，实现自己的目的，并在经历我青春磨难之后仍然感到满足。

我期待在前面的旅程结束之时仍然像现在一样健康。周围情况需要我一直待到星期六。

我的善良的兰道尔将和其他的朋友们以一种方式陪伴我，直到蒂宾根，这样我在剩下的路程上就好走了。他对我说，那些家具，或早或晚只要您觉得方便，您可以让人去拉走。

---

1. 荷尔德林在纽尔廷根与家人一起度过圣诞节后，约于 1 月 5 日返回斯图加特，1 月 10 日或 11 日在朋友们陪伴下出发至蒂宾根，然后独自前往豪普特维尔。

假如他能找到一个好的买家，他将把写字台售出。

我可能还能从这里再写一次信。我需要尽可能经常地向你们最尊贵的人说出我的心里话。

您相信我，我的尊贵的母亲！还有你们，尊贵的妹妹弟弟！那种真诚，那种天真，那纯粹的心，从我青年时代起，甚至在我懂得那是什么之前，我从你们的每一个人所体验到的，如同天空之声，现在我认出来了，那是贵为所有的善良和真诚和上帝一般的品格的根基，——这是我对你们永远不会忘怀的，即使我会忘记所有出自这些心的、对我过于善良的其他的爱！

请您代我问候所有的朋友们。

您的

荷尔德林

最真挚的话语替代我们的忠实

致妹妹　　　　（斯图加特，1801年1月8日或10日）

我的尊贵的：

现在也是最后一次从这里写信！

为旅行我已准备就绪。一切都打好包并托运。昨天我给豪普特维尔写了信，我全部担心是，要在我的朋友中间获得必需的快乐情绪。

你的可贵的难忘的话语，我一到豪普特维尔并安心下来，就好好温习。

我将从康斯坦茨写信，即使仅有几句我们互相知道的话。我们之间这么相互理解，即使最简洁的寥寥数语也说出我们的心里话，最真挚的话语替代我们的忠实。

你知道，人常常如何做到，既安宁沉静但心却丰满，我现在也是这样。我也许不能找到我对你们，你们最亲爱的！每天每小时应当说的话，但是那也比我满足于最后干巴巴地、毫无意义地道别好。

那么生活幸福，你们好人，保持内心的满足和快乐，即使在我们最痛苦的分别的时刻，也让我们亲缘的心感受到完全的幸福。

晴朗的天空，只要它能这样保持，也是对我们相互的提醒和安慰。我不会对你们对我的、为我所做的一切说出感谢，但是在我的灵魂中严守忠诚和生命力。

生活幸福，朋友和妹妹！吻你的孩子们！让他们成为你的快乐，就像他们是我的快乐一样。以我的名义问候我们尊贵的母亲和勇敢的弟弟，因为我不能这么近对他们说，因为你的心足够丰富，体验爱，她给予您们和你生活的甜蜜和轻松并且给予我们向着一切美好的力量。

永远是——

你的

弗里茨

我一生的避难所就在你们中间

致母亲　　　　　　（康斯坦茨附近的豪普特维尔，1801年1月24日）

尊贵的母亲：

请您把我能够告知您的、我在这里的状况的好消息，作为我对您的善意和真诚的操劳的第一个感谢，尤其感谢您为我在国内居住时所做的。

事实上，我能够讲的，根据我10天来能够给予自己的信心，无非是，在我生活的很多家庭里，都是有这样的人组成的，在他们中间，人必须以满足的心灵生活，在年轻人中间有那么多天真的快乐的心情，而在成年人中，则有那样一种健康的理智，以及高贵的善良。对我来说，尤其是这家的主人是一个值得尊敬的人，他对自己的地位非常了解，并且似乎有过丰富的生活经历，但是仍然保持了一种对我特别感兴趣的天真，在他的孩子们（大儿子已经结婚，但是也在家里同住）中间表现出一种宁静简朴的但是真实的尊重。

我这一次就不让自己有更多的描述了；现在到这里已经够了，我很快乐，我的工作已安排妥当，有了好的开端，我希望，人们能够像现在这样年复一年、日复一日对我满意，而您们，您们最尊贵的，应当总是听到我的好消息，并且有一次对我真正地安心。我感觉自己也十分健康。能够很快听到你们说些什么，并且再一次感觉到你们的爱就在身边，该让我有多么快乐，你们好人！我去年能有一段时间生活在你们身边，对我是十分可爱的；我曾在人们中间这么陌生，而在你们中间才再一次、可能是第一次完全感觉到，在你们中间，对于我的心，那是我一生的避难所，是一种永不消失的、无人能够拿走的快乐。下一次我会给我尊贵的妹妹和我的卡尔专门写信。那封从康斯坦茨寄出的信，您现在可能已经收到。我的债务[1]我至少将在下一封信里偿还。龚岑巴赫先生已经托付我，把旅费列出给他，一有机会，我就把账单给他。

我必须在这里结束了。我应当去参加聚会，信必须在傍晚前寄出。

请您代我收下您的爱，尊贵的母亲！请您让现在将要到来的安静时光真正给您的生活带来安好。您现在所在的值得珍惜的时光，将有比迄今度过的时光，有更多的庆祝、安宁和欢乐在等着您。您已经为我们做了多少！您自己知道，每天眼前有一个这样的母亲和一个这样的女儿，还有这样的外孙，这并不是每一个人都能享有的幸福。

而不在身边的儿子们对您足够顺从，就像在您最严格的评判下生活一样。

请您代我向我最尊贵的外祖母致以敬意！

永远是

1. 债务（Schuld），荷尔德林出发前，母亲给了他33个盾作为旅费。

您的

忠实的儿子

荷尔德林

我的地址是：康斯坦茨附近的豪普特维尔，在安东·龚岑巴赫先生家。

少女施瓦本的信我已经正确地送交了。人们快乐地回想起她。

我将以善良的良心生活并且履行我的责任

致妹妹　　　　（加仑附近的豪普特维尔，1801年2月23日）

尊贵的妹妹：

在这个缔结和平[1]的消息充满我们这里的日子，我给你和我们亲爱的家人们写信，并且，因为你知道，我需要对你说，我对此多么有信心。在这个早晨，当令人尊敬的主人以此问候我的时候，我对此也不能多说什么。但是，附近阿尔卑斯山上空明亮的蓝天和纯净的阳光在这一刻让我的眼睛这么喜欢，因为我否则还不知道，应当如何把它们引导到我的快乐中。

我相信，它对于世界真的是很好。我将观察近的或者早已过去的时代，所有时代对于我都将是少有的，它们是美好的人性的时代，是可靠的、无须惧怕的善良的时代，它将产生观念，既如此宁静而又神圣，如此崇高而又简朴。

这与这个地区的大自然神奇地激励和满足了我的心灵。如果你像我一样，站在这些闪耀的、永恒的群山面前，你会感到如此震惊，如果说强大的上帝在大地上有一个宝座，那它就在这些壮

1. 和平（Friede），1801年2月9日，法国和奥地利之间缔结了和平。这个殷切盼望的结果，引发荷尔德林创作抒情诗《和平庆典》(Friedensfeier)（中文版见《荷尔德林诗集》第454页）。这个消息抵达豪普特维尔延迟了两个星期，是确凿无疑的。这封从“如此之好”(so gut）开始用一管新的羽毛笔写的信，可能搁置了一段时间并且事后弄错了日期。

美的顶峰之上。

我只能像一个儿童一样站在这里，震惊和静静地快乐，假如我外出，在下一座小山上，如从苍穹下凡，高度越来越低，一直下降到友好的山谷，它四面八方都被常绿的冷杉林覆盖，在低处，有湖泊，还有小溪流过，而我就住在这里，在一个花园里，在我的窗子外面，在清澈的水边，是草地和白杨，我特别喜欢夜晚，当一切都安静下来，听着它的沙沙的声响，对着晴朗的繁星的夜空，我写诗和冥想。

你看，尊贵的！我看待自己的居留，就像一个人在青年时代遭受了足够的痛苦，而现在得到了足够的满足和不受打扰，为此衷心地感谢所得到的。我的内心越是宁静，我对你们的想念就越清晰和活跃，你们在远方的尊贵的人！是啊，我应该这样说，因为我觉得这如此生动，即使更幸福的日子还为我保留，你和所有我们亲爱的人们仍是我唯一不能忘怀的。这段时间我让自己相信，我将以善良的良心生活并且履行我的责任，其余的，那就随上帝所愿！假如未来没有承诺我任何快乐之事，除了我一次又一次再见到你和母亲和弟弟和你的孩子们并在你们的桌边做客，那也就足够了。

如果我们善良的母亲这次还要免除我的债务，那是违背约定的。她必须至少允许我，以任何一种其他的方式向她再次致谢，不仅限于如此轻松地发自内心的这些话语。

保持健康，劝说我们亲爱的母亲们在这个春天有时候到绿色中散步，直到这成为她们的习惯；我对此非常相信并认为，这能给心灵带来长寿和强壮。

但要原谅我对我们的卡尔，我还没有给他写信；他对我的了解如此之好，就像我了解他一样，我们总是这样亲切并且始终这样互相倾听。当然，只要有好的神圣的事，都值得庆贺，所以，我们的书信往来也决不能这么长时间中断。这期间也适用于给你的，也有给他的信，与我们所有尊贵的家人一样。

生活幸福并尽快给我写信！

你的

荷

我坚持斗争，直到疲惫至死

致弟弟　　（豪普特维尔，1801年3月下半月）

我的卡尔：

我觉得，长时间以来，我们不再像从前那样爱我们自己，我对此负有责任。我是第一个发出那种冷冰冰的声音的。你还知道，我在霍姆堡居住的开始，你还记得你那时候给我写的那些信吗？但是一种不相信爱是永恒的想法牢牢地攫住了我的心。我可能也陡然陷入了心灵和爱的标志这种可怕的迷信，但如此误解却是它的死亡。相信吧，我的最尊贵的弟弟！我坚持斗争，直到疲惫至死，目的是为了把更高贵的生活牢牢维系在信仰和体验之中，是的！我与苦难搏斗，与所有的一切保持平衡，它无比强大，超出了人以钢铁般的力量所能忍受的极限。——我对你说这些并非徒劳。——最终，由于我的心已被撕裂成不止一块但仍然坚定地维持，由于我现在也不得不让思想纠缠于那些邪恶的疑问之中，但它们的问题在明亮的眼睛面前很容易就化解了，也就是说，更多的是，要么生命一般永恒，要么昙花一现。仅有一种过于巨大的、对一切必要事物的蔑视，能够把我引入那种更加巨大的误区，在那里，我实际上是用一种迷信的严肃，过于强烈地关注和接受一切外在之物，即一切不在我的心之区域之物。但是我如此之久地执着而为，直到我正确地认识它；我既认识了它并把我自己撕扯出来，为的是要说，一切都过去了，当团结，当神圣的、普遍之爱使兄弟之爱[1]变得如此容易，一切都过去了。这仅仅是世界上的一场争执[2]，再多也不过是，是全体的，还是个人的？在每一次尝试和例子中，这种争执都被行动驳斥，在行动中，那个真正从整体出发处事的人越来越献身于和平，并且尊重一切个体的事物，因为他的人的感觉，实际上是他个人的感觉，越来越缺乏纯粹的公共性，而是任其坠入利己主义或者任何你愿意称之为什么。

开端由神而发[3]。谁理解并坚持这一点，那么，在生活之生活中，他是自由和强大并且快乐的，而一切颠倒的事物都不过是幻想并消解于无。

所以那也在我们之中，随着联邦的复兴，那肯定不是一个典礼或一个异想天开的念头，开端由神而发。

我们曾经怎样共同思考，我仍然这样思考，只是更加实用！一切都无限地一致，但是在这一切事物中，有一种完美的一致之物和趋于一致之物，就其自身，并非自我，而是神在我们之中！

我像一个想要证明别人不相信的人那样言说，我的心里总是充满着所有那些热爱神灵的人的生命。那是什么呢？告诉我！你感觉到我的灵魂。这难道仍是无信？对一种美好的理解力的无信，人在无信中言说，并且清晰地言说，因为人快乐地言说，但

1. 兄弟之爱（die Liebe des Bruders），应为“对兄弟之爱”（Liebe zum Bruder）。
2. 争执（Streit），关于个体（Einzelne）与整体（Ganze）关系的争论。
3. 开端由神而发，原文是拉丁文：A Deo principium。

人在其中把朋友看作为约定的，并以不断更新的词语赞美他，但是不那么迫切。是啊！无信就是：对别人之心的无信，及至对全体的无信以及对我的无信。似乎我们，我们两个，将不再爱我们自己，仿佛我们两个都爱一个更高贵的，但是，这可能是两兄弟以及不止一个这样的文子，即兄弟姐妹已足够，需要一个人们的世界，为的是能够出类拔萃并且保持荣誉。尊贵的心！好人不让自己这样。只要他们还是好人，就不能这样，他们所处的整体是好的。常常缺少一种工具，人们用它来把自己与别人建立联系，在我们人中间，更常常缺少一种标记和言辞。瞧！我们必须记住，我们必须弥补我们之错失并且言说，必须互相大声地言说，我们对自己意味着什么，我们为什么而存在。是啊！谁误用了言辞，谁曲解了言辞，或者没有把握，那谁就缺得很多，但是也可以肯定，他对此很少需要。但是我这一次要讲的决不是别的，仿佛我们要从新的开始。未来，我们谈论的和感觉得越多，那么，言辞是多么寒冷，我们要寻求的更多是如何安放心灵和忠诚，目的是让我们内心的一切好的东西更加生气勃勃。于是，我们最终成功地对彼此说了某些正确的话语的那些瞬间，于是，兄弟亲近兄弟，人与人，人的心灵与人的心灵如此亲近，作为某种神圣和愉悦之在场的见证者的那些瞬间，对于所有的希望和所有的成功都是值得的。

这里，在生活的无忧无虑中，在这里，在银光闪耀的阿尔卑斯山下，我也最终轻松地从心胸中倾吐。我优先致力于宗教。你有青春的力量并且单身一人，有那种美好的直觉，你像一座岩崖，所有的天空之物以你为基，你把你的责任置于直觉，置于工作，你也将正直地支持我。一个无拘无束的心灵之语是如此之多，你知道，它会有多少。首先，我请你，我请你做到，你对我的、远的和近的所发生的事情[1]，说出你心里的意见，兄弟般地接受我的言说，为的是也以一个兄弟的力量对我说：这和那都不是为我的。更坚定的信念，在我们之间的忠贞不渝的诚实，因此纯粹的、自由的开诚布公！

假如生活真没有这样的闲话，那会是什么！但是如此真实且与自天而降之物结合，人也以某个更高者的眼睛看见并在精神所感知和创造的清澈元素之中运作，也更轻、更有力，与世界恰当相处，还是未诞生者，他们在将来也能感觉到！

金子般的希望，我的卡尔！不要落下我，也不要落下你。

生活幸福！尽快地写信！你真的预感到了快乐；对此我信任你，你也信任我，我们还会有更多的信任。

你的兄长

荷

1. 事情（die Sache），很可能是指兄弟关系。诗《怀念》(Andenken)：而美妙的是 / 促膝交谈，说着 / 知心的话语，聆听很多 / 爱的日子，/ 和曾经的往事。(《荷尔德林诗集》第 485 页)

教育儿童是幸福的工作，因为它如此单纯天真

致母亲和妹妹弟弟[1]　　（斯图加特，1801 年 10 月或 11 月）

我的尊贵的：

我这一次有这么多的感谢要说，但我宁愿还是什么也不说，因为似乎现在仅有一点点是必须说的。您相信吗？在很多情况下，我对这样的心、对那样的同情和忠诚深信不疑，我更加相信，那是值得谈论的、我生活中的幸福，比之其他很多东西，是我必须拥有的，也是乐意拥有的。假如我要改变自己的状况，那我就请求您，从最好的角度看待它。我想要在工作之外有一个无忧无虑的生存，那是我已经习惯了的，我希望能找到好的人。我不得不进入依附于人的生活中，不论它以何种方式，而教育儿童现在总是一种幸福的工作，因为它如此单纯天真。

您的

弗里茨

1. 荷尔德林显然在斯图加特短暂居留，以安排他将到波尔多的工作。

没有心的坦诚，就没有幸福

致弟弟

（纽尔廷根，1801 年 12 月 4 日）

我的尊贵的卡尔：

我来是为告别。但是让我们不要哭泣！在这种情况下我总是宁愿保持一种满足的心情，那种悲伤，上帝保佑，还是沉默，向着好的看吧。

我应当坦承这么多，我在我的生活中从未如此牢固地植根于我的祖国，在生活中从未如此珍视与我的家人们的往来，我如此愿意获取！

但是我感觉到，对于我，到外面去更好，而你，我的尊贵的！自己要感觉，无论对一个人，还是对别人[1]，无论居留，还是漫游，都有神的庇佑，只要我们坚持。你以你的方式专心投入工作，否则它对你就过于紧张。我以正确的选择做我的事情，对于我却是艰难的。否则我的精力就被撕成碎片。

决不要让我们旧的兄弟之爱在我们之间沉沦。当生活之路分岔之时，有我们之间的这种纽带把人与人联结在一起，那是一种神圣的幸福。更伟大的思想是，它处处都鼓励和拯救。人的灵魂

1. 无论对一个人，还是对别人（zum einen,wie zum andern），很可能是引用了某一首歌的歌词。

并不特别需要这个与另一个相同，假如爱在他们之间。但是，没有这种心的坦诚，他们之间将没有幸福。哦，我的卡尔！原谅我，在我们之间它是纯粹的！

那么生活幸福！与我们的家人在一起是你的幸运，因为你与你的人在一起也是这么幸运。你也要经常想着我！

你的

荷尔德林

我走过的是一条困苦不堪、艰辛备尝的路

致母亲

（里昂，1802年1月9日）

我的尊贵的母亲：

您会感到惊奇，在这个时间会收到我从里昂寄出的一封信。我是迫不得已，因为我的旅行签证[1]的原因，在斯特拉斯堡停留的时间比我猜想的要长，而从斯特拉斯堡出发到这里的漫长旅程，我因为水灾和无法避开的种种其他情况而耽搁，更加漫长。

我到现在为止走过的是一条困苦不堪、艰辛备尝的道路，但我也找到一些纯粹的快乐。我有时候想念你们，你们亲爱的，我也想念那些给予我勇气的人，直到这个时刻仍然维护我的，并将陪伴我更远的，对此我不能保持沉默。

我知道，孤独地做工作，人在这个宽广的世界上发现自己更难；但是我想到，神和一颗尊贵的心始终在帮助，并且在别人面前要谦虚。

我仍然疲惫，亲爱的母亲！因为漫长寒冷的旅行，而现在仍然这么有活力，在内心对那些认识我们并且真正的好人的思念中，人能够重新发现自身。

1. 因为我的旅行签证（Wegen meines Reisepasses），在前往波尔多的旅途中，在斯特拉斯堡停留时间从12月15日延续到30日。

明天我启程去波尔多，并将很快到达那里，因为现在道路好多了，河流也不再泛滥。

我还必须对您说，经过里昂的旅途，我作为一个外国人，在斯特拉斯堡受到了当局的规劝。我不指望巴黎。我对此很满足。

我高兴的是，不久就能进入我的常规工作。

我将从波尔多给您和其他亲爱的人写信，等我安下心来，还会给很多人写。

问候他们所有的人。所有衷心的问候！

我们的卡尔现在应该在纽尔廷根[1]了。当您们晚上快乐地在一起时，有时候要想着我。我请求亲爱的妹妹，记住我们曾经有过的最美好的时光，小孩子们也要常常想着舅舅。

一千次地感谢所有的慈爱和支持和关切！

您生活幸福！

您的

忠实的儿子

荷尔德林

1. 在纽尔廷根（in Nürtingen），卡尔在那里有了新的职位。

我像个新生儿一样向你们致以问候

致母亲 （波尔多，1802年1月28日）

我的尊贵的母亲，我总算到了这儿，受到良好的接待，很健康，并且不忘向我欠其生命和死亡的主致以感谢。——我眼下只能写得很少；这个早晨我刚刚到达，我的精力更多地集中在调整我的新居住地，以便静下心来给您讲讲历经千难万险的旅程中一些有趣的事儿。我的经历如此之多，我还无从讲起。

这最后的几天我已经在一个明媚的春天中漫游[1]，但是就在前不久，我还在奥菲格纳恐怖的积雪覆盖的高山上，在风暴和荒野中，在我粗糙的床铺边是天寒地冻的夜晚和上了膛的手枪——因为我已经做了祷告，那是到现在为止在我的生活中最好的，我永远不会忘记。

我被接受了——您和我一起感谢吧！

你们亲爱的！我像个新生儿一样向你们致以问候，因为我刚刚从生命的险境中走出——我刚刚责备自己，因为我从里昂发出的上一封信中没有特别地提到我们尊贵的外祖母，我对您说，亲爱的母亲，看我的妹妹的画像，在我快乐的思考中以高昂的语调

1. 漫游（gewandert），从里昂到波尔多的邮路长达600公里，其大部分，荷尔德林都是步行。

给我的卡尔写一封信。

现在，如您所愿，我越来越刚强和净化。我想，我将在主要的事物上坚定不移，不让任何东西吓倒我并且容忍很多。很可靠的、清新的睡眠对我多么有利！我几乎生活得太精彩了。我本来就乐于可靠的单纯。对我的工作，我希望它顺利进行。我将把自己主要奉献于此，特别是从一开始。生活幸福！

从心里并且以忠诚——

你们的

荷

附：这封信晚了很多天。我已开始熟悉，履行我的使命。开端不可能更好了。“您将会幸运。”在欢迎中，我的总领事[1]说。我相信，他是对的。

1. 总领事（Konsul），德国驻波尔多总领事迈耶尔，荷尔德林在他家任家庭教师。

我必须保持和维护我的灵魂，对它的考验已天长日久

致母亲　　　　（波尔多，在耶稣受难日，1802 年 4 月 16 日）

我的尊贵的母亲：

当我对失去[1]我们现在永福的外祖母表达的是必要的冷静，而不是我们心中之爱感受到的痛苦时，请您不要误解我。我发现，人要是没有坚定的理智就不能很好地应付，我不想成为我们家庭的忠告者，但是我必须保持和维护我的灵魂，对它的考验已天长日久，而您知道，那些温柔的话语可能轻易地从我脱口而出，我不得不把它们留到现在，我一定不能用它来打动您和我自己。我相信，死者在去世之后所过的新的、纯净的生活，以及给予那些像我们尊贵的外祖母一样的奖赏，是他们生活在圣洁的简单之中，这个苍天的青年，苍天现在是他们的分享，对此，她的灵魂早已期盼了很久很久，在痛苦之后的宁静和快乐，也将是您们的奖赏，尊贵的母亲，尊贵的妹妹；而对于弟弟和我，则是一个高贵的死亡，是从生命向生命的行进，我相信，是为我们所有人保留的。

在此期间，我们被一个忠实的、确定的精神引导，而苍天之

1. 失去（Verlust），荷尔德林的外祖母于 1802 年 2 月 12 日去世。

主允准我们不懒散松懈，我们之所作所为均按规则，我们之事务均符合得体适宜！

我过得比我期望得还要好！我也希望，我逐渐地赢得我的所在给予我的，有一天，当我再次回到家乡，我在这里结识的真正优秀的人们，不会让我觉得与他们格格不入。

想想吧，你们亲爱的，我在这里就像你们在家里一样，较少受到打扰。我希望我的弟弟与幸福继续前行，正如他迄今在他的圈子，在他的工作中所进步的。

好孩子们将给你们制造很多快乐，你们是幸运的，你们有希望的生动画面，就像我有小学生们围绕四周。问候我的朋友们，原谅我没有给他们写信，因为距离的遥远和我的工作建议我现在把书信还是要节省一点。我们仍然在一起。

你们忠实的

荷

母爱，从出生到永远

母亲致荷尔德林[1]　　（纽尔廷根，1805年10月29日）

最亲爱的儿子：

即使我收到你的几行字回应我一再的请求并没有特别高兴，我的亲爱的，我仍然不能不向你保证我们对你持久的爱和想念。假如你要再次给我写信，说你仍然爱着你的亲爱的人并且想念我们，那我是多么快乐和开心。也许我既不了解也无意愿，就诱发了你对我敏感并且让它付出了如此痛苦的代价，那么，如果你如此善良就告知我，我想办法改进。或者，假如你缺少白色的物品或者衣服，那你就写信给我，或者请你的房东，他给我写信。我从心里高兴的是，正如尊敬的封·布洛克夫人[2]写信给我说的，你有一个如此考虑周到的房东[3]，他对你如此关爱。我的亲爱的，你也要知道珍惜和感谢你的尊贵的朋友和恩人封·辛克莱先生的特别的友善和准备，他为你做了那么多。还有那位尊敬的母亲夫人以

---

1. 此信系手写。这是唯一保存下来的母亲给荷尔德林的信。从1804年6月起，荷尔德林重新到霍姆堡居住，在那里，辛克莱设法让他担任了宫廷图书馆的管理员。
2. 封·布洛克夫人（Frau von Bröck），辛克莱的母亲（A. W. von Proeck）。
3. 房东（Hausherr），荷尔德林第二次到霍姆堡居住在一个钟表匠的家里，靠近辛克莱的住处。后来辛克莱被捕入狱，他搬到了一个鞍具匠那里，那可能是荷尔德林在霍姆堡的最后的住处，那是辛克莱母亲拥有的浦路艾肯磨坊。

及照料你的人们。

但是我特别地从心里请求你，不要疏忽对我们亲爱的上帝和天父的责任。假如我们不在我们亲爱的上帝的仁慈庇护下，我们不能在这个大地上获得我们更大的幸福。所以，我们应当以所有的真诚努力，再次找到那个永无分离的地方。

我随信寄给你一件短上衣和四双袜子，还有一副手套，作为我对你的爱和想念的证明。但是我请求你，羊毛的袜子也要穿。为赞美我们仁慈的上帝，我能告知你，我们，还有你亲爱的弟弟和弟媳一直免于战争的苦难[1]和动荡。我也要感谢亲爱的上帝，在霍姆堡，据我所知，也没有战争的侵扰。亲爱的上帝仁慈地眷顾我们和我们的祖国，我们和所有的人都享受到甜美的和平。

伴随我们全心全意的真诚的问候和请求，你也要用一点什么再次让我高兴，并且尽快写信。

我保证我永远不变地是——

你的

忠实的 M. 高克

1. 战争的苦难（Kriegesnot），1805 年爆发了第三次反法同盟战争，法国军队穿过德国南部并占领了奥地利。

这个世界将收下你卓越的诗歌创作成果

弟弟致荷尔德林　　（斯图加特，1826 年 7 月 25 日）

最尊贵的兄长：

寄上科塔出版社最近出版的你的精美诗集[1]的样本，这是我作为弟弟的一份责任。我一天接一天盼望着能把你的书亲自给你送去，可是从那以来我被一些急迫的事情占据，很遗憾这件事的告知多多少少拖延了。我从内心里感到高兴的是，如果它让你愉快，经过你的崇拜者和朋友的共同努力，这本经由精心选择的诗集以你的名字出版，终于面世。

一位令人尊敬的普鲁士军官封·迪斯特先生，他的父亲住在法兰克福，想必也是你的一位朋友，为这件事做出了最初的推动，我也相信你，亲爱的兄长，有责任请求两位诗人，凯尔纳·施瓦布和乌兰特对书的出版给予支持，他们也真的以爱心接受了这个漂亮的作品。

这样，这个世界就收下了你卓越的诗歌创作成果，你对此的想念也将被每一个受过良好教育、有深厚感情的人所珍视。

我为此所做的贡献是微不足道的，不值得谢，我为你做是因

---

1. 诗集（Gedichte），古斯塔夫·施瓦布（Gustav Schwab）和路德维希·乌兰特（Ludwig Uland）于 1826 年编辑了《荷尔德林诗集》，由科塔出版社出版。

为你在过去的日子里所给予的兄弟间的爱，我是有责任的。

科塔出版社为诗集和《许佩里翁》[1]第二版所付的稿酬[2]，已由亲爱的母亲作为你的财富邮寄到纽尔廷根，她将完全根据你的情况使用它。

亲爱的兄长，至今我已经多次去拜访你亲爱的房东齐默尔先生，可能你对此已经不太记得了。

我希望这个夏天去看望你，如果我的繁重的工作允许的话。如果有可能，我亲爱的夫人，还有我的两个孩子，卡尔和伊达也一同来，他们已经很久没有见到他们亲爱的伯伯了。

在此我请求你接受我永远不变的爱和关心，以此我将始终如一。

你的

真诚的兄弟

卡尔

1.《许佩里翁》（Hyperion）．1822 年科塔出版社出版了本书的第二版。

2. 稿酬（Honorar），根据荷尔德林的弟弟卡尔·高克以荷尔德林的名义于 1822 年 5 月 14 日在斯图加特与科塔出版社签订的合同，荷尔德林的小说《许佩里翁》第二版和《荷尔德林诗集》第一版由科塔出版社出版，稿酬共 100 个盾。

译后记

自从文字出现以来，书信就成为人们最常用的通信方式，人们写信互通消息，告知事项，交流感情，与相隔千里的人们分享幸福欢乐、悲哀愁苦，或脉脉温情，魂牵梦萦，或绵绵思念，愁肠百结……书信的留存，为我们留下了过去时代人们的所思所想，所忧所虑……每当阅读那些书信的文字，就恍若穿越到那个时代，听到鹅毛笔划过纸张的沙沙声，人们让瞬间闪现的灵感流淌在纸页上，激活千年奔腾的哲思，或掀起万丈爱情波涛，让我们今天读来，仍然荡气回肠。

荷尔德林（1770—1843）是德国一位伟大的诗人，他从十四岁开始写诗，立志成为诗人，为此，他阅读钻研前辈诗人的作品，从古希腊罗马，到德国当代，从经典大作，到民谣小调，从康德的批判哲学巨著到费希特的天赋人权，他研读一切能够找到的佳作，汲取营养，融入自己的表达，使创作越来越丰富，表达越来越成熟，他十八岁从高级修道院学校毕业时，在诗歌专业上获得了“极好”（vorzüglich）的评分。后来的诗歌创作伴随他曲折起伏、艰难辗转的生活轨迹，依然勉力前行，佳作不断。德国诗歌从古典走向现代，荷尔德林是引领者，因此，他被后人称为

“诗人之诗人”。近代以来用德语写作的抒情诗人，从里尔克到克兰，荷尔德林当之无愧地名列首位。

荷尔德林不仅用诗歌表达自己独特的哲思、崇高的理想、圣洁的爱情，他还是一位特别善于用书信表达自己生活和感情的人。他从十四岁起就上寄宿制的修道院学校，写信成为他与亲人联系的主要方式。他三岁失去了父亲，后来母亲改嫁，再后来，继父也去世了，因此荷尔德林不止一次地称自己是“丧父的孤儿”。母亲和妹妹，还有同母异父的弟弟成为他的至亲至爱，他也是母亲最大的牵挂。书信成为他与母亲和妹妹弟弟之间亲情往来最好的媒介。保存下来的荷尔德林致母亲的第一封信，称呼是“最亲爱的妈妈”，这样的“最亲爱的妈妈”，在他独立谋生以后，改成了“最亲爱的母亲”，在每封信的结尾，几乎是千篇一律的“您的最顺从的儿子”。母亲永远是他最亲爱的亲人，是他最深厚情感的寄托，也是他内心深处隐秘情怀的最后的倾诉人。母亲是他灵魂的依靠，他在信中说过，“我一生的避难所在你们之中”。

荷尔德林写给母亲的信中，常常可以看到他因为自己很久没有写信而表达深深的歉意，其实，看看他前后写信的日期，才知道这个时间并不长，在邮差骑马送信的时代，信件的传递很慢，加上战争、恶劣天气等等，途中拖延经常发生。何况，大部分地方，邮差只有在邮政日才来。荷尔德林也常常因为没有收到母亲的信而抱怨母亲“长时间的沉默”。对于他，阅读母亲每一封“亲爱的来信”，犹如感受母亲娓娓讲述的温馨、慈爱和关照，他经常感谢母亲的“Gegenwart”（在场），言语中漾出一种仿佛母亲就在身边的温暖，那是怎样的情境啊！但是，母亲给荷尔德林的信，却只有一封保存下来，那是在1805年10月29日母亲嘱咐他要感恩悉心照料他的人们，那时，他的心灵已经陷入黑暗。

荷尔德林给妹妹的很多信，看似平常的兄妹之爱，其实充满深爱，因为她是唯一的亲妹妹。那时候疾病很多，死亡也很多。从书信中可以看到，人们常常通报自己的健康状况，让亲人朋友放心。因此，兄弟姐妹之间的往来和书信交流，常用不一样的爱的语言，阅读那样的信，总有仿佛山高海深般的情意，尤其是荷尔德林这样一位有时候感情激越奔放的诗人，爱的语言总会让人怦然心动。

最令人感慨的是荷尔德林给弟弟的信，虽然弟弟姓高克，却是他最亲爱的弟弟，寄予了巨大希望的弟弟，也是倾注了很多关心和爱护的弟弟。阅读他给弟弟的那些一页又一页的长信，那些鼓励的、期望的、爱护的话语，仿佛就在耳边，如同冬天温暖的炉火，春天明媚的阳光，能够驱赶一切寒冷和阴暗。

最丰富多彩的还是荷尔德林与朋友之间的通信。四年的修道院学校生活，加上五年多的神学院生活，让他拥有了很多朋友，于是，书信往来，成为生活学习的一部分。他在给母亲的第一封信中说，他有“一大包信”要回复，其中有些还是拉丁文的。此时荷尔德林才是个十四岁的男孩子，当然，他说还有“成百上千首诗”要写，是夸张的说法，但足以说明，他是个喜欢写信的人。那个时候写信是为了友谊，也表达了青春的热情，这是他诗歌创作的动力之一，也是他求知和生活渴望的源泉，是永不枯竭的。在蒂宾根神学院，他与高年级的诺伊菲尔和玛格瑙建立了深厚的友谊，三个人甚至成立了“友谊同盟”，他还为此写了《友谊之歌》:“……如永恒一般无穷无尽,/友谊的银泉流水长吟。”可贵的是,这种友谊是纯粹的、非功利的,他们互赠诗篇,吟咏切磋,有诗作见诸报刊。特别是荷尔德林与诺伊菲尔的书信,描绘了那个时代友谊的精美篇章。当荷尔德林得知诺伊菲尔的未婚妻“小玫瑰花”病危、并且他要“随她而去”的消息,他一连给诺伊菲尔写了三封信,咏唱了最感人的友谊之歌。谁是最真挚的朋友?谁为朋友倾注一腔真情?是他,荷尔德林,他对待朋友,正如他对待诗歌,是生活的凝练,是生命的一部分。

荷尔德林交往的人,无论是普通人,还是声名显赫的大师,最终都成为朋友。在蒂宾根神学院学习时,他就结识了席勒,这个在他的创作生涯中给予他最大帮助的人,为他介绍家庭教师的工作,在自己主编的《诗刊》《塔利亚》等刊物上刊发他的作品,还给出版社写信,推荐出版他的书信体小说《许佩里翁》,这是一部“让他有点名气”的两卷本的小说。席勒还写信指导他克服德国诗人创作中的通病,摒弃冗长拖沓,写主题明确、清新简洁的诗作,去掉那些吃力不讨好的哲学。席勒的劝告是经验之谈,诗人要赢得读者,必须让自己的诗为读者喜爱,为读者而写,是诗人的本分。当然,荷尔德林之所以后来被世界所承认,是他坚持走自己的创作道路。但席勒是把荷尔德林真正当作朋友的,密切的、但有原则的朋友。读大师的书信,是一种享受,字里行间,处处有谦逊包容、平易近人,对于有点过分的要求,也没有板起大师威严的面孔,而是以坦诚之心循循善诱。荷尔德林曾在给席勒的信中抱怨,“我的那些不幸运的诗”,显然是对席勒没有及时发表他的诗不满,席勒告诉他,因为他寄送得晚了,已经没有版面，下一期会安排。一个人一生中曾经得到这样一位朋友，无论如何都是十分幸运的。

荷尔德林所处的时代，欧洲正发生着重大的变革，法国革命带来动荡，随后拿破仑发动欧洲战争，德意志民族的神圣罗马帝国不复存在，在文化领域，浪漫主义异军突起，古典主义走向式微，十九世纪的工业革命即将到来。此时，荷尔德林的创作却出现了英国诗人威·休·奥登称之为“回到过去”的迹象。生活的重压，迫使他不得不长途跋涉去挣得维生的收入。他翻山越岭，满怀希望到瑞士一个家庭当家庭教师，但仅四个月就被解雇，于是徒步一个月回到家乡，不久，又一次出发前往法国波尔多，历经千辛万苦，却很快就被辞退。那是生命的旅程，一路上险象环生，刚刚回到家乡，好友辛克莱的信给予他的却是噩耗，他心爱的苏赛特病逝了。神学院的舍友谢林在给黑格尔的信中说，荷尔德林自从那个致命的旅行以来，“神智已经错乱了（verrüttet）”。但是荷尔德林并没有颓败，他坚持翻译索福克勒斯的悲剧《俄狄浦斯》和《安提戈涅》，并且仔细地修改，还对出版社的印刷错误进行了认真校对，使两卷本的索福克勒斯悲剧译作得以出版。

尽管他的生活跌宕起伏，可他的身边却总是围绕着朋友，给予他无私的帮助。他总能给母亲捎去好消息。在新世纪之初他来到斯图加特，住进商人兰道尔的宅邸，高兴地告诉母亲，“我的老熟人们都这么热情地欢迎我，以至于我完全可以希望，在这里和平地生活一段时间。”荷尔德林历经艰辛，仍然乐观地对待生活，从不沮丧，是因为朋友。在与朋友们的书信往来中，随时可以看到互相关心、鼓励、支持和帮助，人们很少计较得失。在他的心灵陷入黑暗以后，很多朋友帮助搜集整理他的作品，那是一项十分繁重的工作，要解读荷尔德林“极难辨认的手稿”，耗费的时间和精力是难以估量的。但是，这就是朋友。

作为一个天资很高、多才多艺的青少年，荷尔德林是爱情的幸运儿。他十六岁进入高级修道院学校，就与修道院院长的女儿露伊泽恋爱了，这样的早恋，除了书信往来，说说我爱你，我在你的怀抱里等等，注定是不会长久的。荷尔德林考入蒂宾根神学院以后，两个人就分手了，不过，他们之间的绝交信却写得像初入爱情的人，那样缠绵悱恻，难舍难分，写得最多的是“你永远是我的”，“你的心爱的——”，妻子（Weibe）两个字被一道横线代替了。

荷尔德林的第二段爱情发生在蒂宾根神学院，那是一位没有露过面的神学院院长的女儿爱丽泽，这段爱情似乎显得高雅一点，荷尔德林有几首诗写给她，但是，没有一封她的信，只有朋友诺伊菲尔经常在信中问起他们之间的关系怎么样，还有母亲关切的询问，可想而知，他和爱丽泽的相处，从热烈到糟糕，因为双方互不理解，更没有体贴和关怀。在荷尔德林给朋友和母亲的信中，只有对爱丽泽的抱怨，这场延续几年之久的恋爱最终悄无声息，不欢而散。爱丽泽写给荷尔德林的信也被悉数索回，一个字也没有留下。

给世界留下一份珍贵遗产的，是荷尔德林的情人——他在法兰克福任家庭教师的贡塔尔特家的女主人苏赛特。她留下的十七封信让人们知道，走火入魔的爱情之下，一位有三个孩子的美丽高贵的女士，法兰克福最富有的银行家的妻子，会如何痴迷一个寒酸的诗人、教书先生。在苏赛特的眼里，荷尔德林是人类中最好的，不可多得的人，为了他，她已经准备“到你们家庭的圈子里生活”，是发自她内心的。她日日夜夜地写信，悄悄地写，不让人看见，流着眼泪地写，用她的话说是“写日记”。每一封信几乎都像日记，标着日期，甚至还有几点钟。很难再从别的地方找到那么饱含深情的、绵绵不绝的倾诉。荷尔德林写给她的信，她像珍宝一样保存着，常常把它们放在一起，像“读书一样”读。《许佩里翁》对于她，更是爱不释手。可惜，荷尔德林写给她的信都没有留下来，仅有短笺残片，是作者的草稿，唯有荷尔德林写在赠给苏赛特的《许佩里翁》扉页上的、散文诗一样的题词保存了下来，作为他们爱情的见证。

2007年我应德国巴伐利亚州科学艺术部之邀，到班贝格国际艺术家之家进行为期一年的访学。我在那里的图书馆看到一本纪念荷尔德林诞生两百周年的资料集，便借来阅读。我被感动了，希望把荷尔德林的诗歌和书信译成中文，让更多的人了解他。我把书扫描下来作为资料，又到书店买了荷尔德林诗歌集，开始翻译和研究。2016年，我翻译的《荷尔德林诗集》由人民文学出版社出版，后来又出版了《狄奥提玛——荷尔德林诗选》，荷尔德林把希腊爱神迪奥提玛作为苏赛特的象征，写入他的诗歌，也写入他的书信体小说《许佩里翁》。

人的一生能够留下这么丰富的精神遗产，已经足够了。荷尔德林在长诗《帕特摩斯》的结尾写道，天父“照料那些/ 坚硬的文字，并使现存的/ 语义明了……”在荷尔德林的时代，德国还没有统一，德语的拼写很不规范，人们书写各自的德语，即使在本地，拼写也因人而异，甚至同一个词，每次写也不尽相同，但是人们习以为常。这给翻译带来了一定的困难，当然，翻译荷尔德林的诗歌和书信，要克服的困难远不止拼写这一个方面，好在现在有工具书，有各种词典，还能上网查找，只要舍得花时间，一切都会迎刃而解。

我用了三年时间翻译了荷尔德林的书信集，约35万字，但这个篇幅对读者也许是太大了，因此，我对这本书信集做了精选，并以“友情”“亲情”和“爱情”为主线，分成三个分册，于是就有了《诗意地栖居在大地上——写给友人》《追赶你老去的速度——写给亲人》和《毫不犹豫地走向你——写给情人》。我希望三个分册能让读者阅读更方便。

荷尔德林给母亲的信，是我翻译过的最感人的文字，这些信饱含对母亲的敬重、爱戴和关心，还有信任。对于一个只身漂泊在外的游子，因为战争和贫穷，随时都可能陷入困境，母亲总是想方设法给予他支持，从操心他的学业，到担忧他的职业、爱情和健康，甚至出门旅行，母亲总想着给他一笔足够的盘缠，直至身后给他留下一大笔遗产。母亲永远是他最后的坚实的依靠。可以说，是亲人的爱造就了荷尔德林。

王佐良

2021年10月19日

于北京